Inhalt

Zu diesem Heft . . . .

Hans-Joachim Höhn, „Lass Dich einmal a.
Theologie im *iconic turn* . . . .

Karsten Kopjar, Medieneinsatz in Gottesdie   ⌐ ₂ur Mission . . 475

Martien E. Brinkman, Die Reformierten und die Bilder 486

Davor Džalto, Ikonen neu:gefasst oder über das Menschsein
in unserer heutigen Medienkultur 500

Johannes Röser, Dabei sein ist alles? Die Kirchen,
die Erlebnisgesellschaft und die Eventkultur 512

Evelyn Finger, Schaut auf diese Bilder! 524

Junge Ökumenikerinnen

Alexandra Ruppel-Herdt, Ikonen als Elemente politischer Symbolik.
Die Problematik der Nutzung von Heiligen Bildern in modernen
orthodoxen Gesellschaften 528

Dokumente und Berichte

Pilgerweg der Gerechtigkeit und des Friedens.
Bericht von der 61. Zentralausschusssitzung des Ökumenischen
Rates der Kirchen (ÖRK) vom 2. bis 8. Juli 2014 in Genf
(**Anne Heitmann**) 540

Abschlusserklärung des Kongresses MissionRespekt
„Christliches Zeugnis in einer multireligiösen Welt"
(**die Teilnehmerinnen und Teilnehmer**) 548

Ökumenische Persönlichkeiten

In memoriam Wolfhart Pannenberg (**Friederike Nüssel**) 550

„Gottbefohlen." Otto Hermann Pesch zum Gedächtnis
(**Dorothea Sattler**) 553

Gestern – heute – morgen, Zeitschriften und Dokumentationen,
Neue Bücher 555

Zu diesem Heft

Liebe Leserinnen und Leser,

soviel Bild war nie – „Images need to be shared" kann als Leitsatz der späten Moderne in ihren Printmedien, Fernsehmedien und Internet gelten. *Selfies* werden zum bevorzugten Mittel der Selbstinszenierung und die neuen Medien bedienen die Illusion universaler Präsenz *via posting*. Selbst die „großen Erzählungen", die heute bereits als Grundsignatur des 21. Jahrhunderts gelten können, leben nicht mehr als Textwelt, sondern als erinnerungsprägende Bilder in unseren Köpfen – von den in sich zusammenstürzenden Twin Towers des World-Trade-Centers, über die Video-Spielkonsolen-gleichenden Bilder, die den Krieg aus fernen Ländern mitten in unsere Wohnzimmer übertragen, bis hin zum Begräbnis Papst Johannes Paul II. oder den Inszenierungen religiös aufgeladener Gewaltexzesse, die die Grenzen der Scham längst überschritten haben. Bilder waren nie so präsent wie heute. Der *iconic turn* in seiner extrovertierten Variante ist aus unserer Alltagswelt nicht mehr wegzudenken. Bewegte Bilder sind zum Konsumgut geworden. Wir leben in einer „visual culture", in der das Internet, das „global ikonische Kommunikationsmittel" (Gottfried Boehm) schlechthin, den unaufhaltsamen Siegeszug der Flut der Bilder dokumentiert und zugleich inszeniert.

Weil der Abstand zwischen Ereignis und Bericht so verknappt wird, dass das Medium selbst zur Botschaft wird (Marshall McLuhan), droht die Mediengesellschaft durch die Verführungsmacht der Inszenierungen zur „Société du spectacle" (Guy Debord) und zur „Videokratie" (Régis Debray) zu verkommen. Aber nicht nur das. Der Glaube an die Objektivität der Bilder ist mit der Digitalisierung an ein Ende gekommen, die Frage der Authentizität der Bilder ist obsolet geworden. So nährt die den Bildern eigene Schwerkraft, ihre Manipulierbarkeit wie ihre manipulative Kraft zunehmend die Hermeneutik des Verdachts. Die Bilder der Gewalt und die Gewalt der Bilder bedingen sich gegenseitig (Peter Sloterdijk) und wer die Macht hat zu informieren, hat auch die Macht zu täuschen (Reinhard Brandt). Schon wird der Ruf nach einem kritischen Ikonoklasmus der visuellen Wahrnehmung, nach einer neu zu erwerbenden Bildkompetenz und einer damit verbundenen grundlegenden Bild- und Medienkritik, nach einer Praxis der Aufklärung über Bilder laut. Denn wir leben mitten im *iconic turn* und haben aber immer noch keine tragfähige Theorie für den kritischen Umgang mit Bildern.

Freilich sind Bilder immer nur das, was wir mit ihnen machen oder an ihnen wahrnehmen (Hans Belting). Unser eigenes jüdisch-christliches Erbe war eigentlich immer schon skeptisch gegenüber der verführerischen Macht der Bilder, der sie durch das Bilderverbot und der ihm notwendig innewohnenden ikonoklastischen Skepsis Herr zu werden versuchte: „Confunduntur affines qui colunt sculptilia" – („Schämen müssen sich alle, die den Bildern dienen", Ps 97,7). Der Bildersturm gegen die Dynamik des „seeing is believing" gehört in manchen Epochen unserer eigenen Glaubensgeschichte fast schon zum guten Ton des wahren christlichen Glaubens, ebenso wie die Priorität des Hörens vor dem Sehen als dessen von Paulus ins Stammbuch aller Theologie geschriebener Grundsatz gelten darf. Indes ändern sich auch hier die Vorzeichen. Nicht einfach nur, weil auch die Theologie der eingangs skizzierten medialen Dynamik nicht entkommen kann und so – die Zeichen der Zeit deutend –, sich nun auch dazu verhalten muss, sondern aus ganz immanenten, guten theologischen Gründen.

So machen die Beiträge von *Martien E. Brinkman* (Die Reformierten und die Bilder) und *Hans-Joachim Höhn* („Lass Dich einmal anschaun!" Theologie im *iconic turn*) in konfessionell differentem Angang und am Ende doch in erstaunlich gemeinsamer Perspektive deutlich, dass es gilt, sich der Herausforderung des „Verhältnisses von Bild und Wort, von Zeigen und Sagen" (Höhn, S. 471) zu stellen, gerade weil „der Glaube etwas sichtbar macht, das es wert ist, genauer in Augenschein genommen zu werden" (ebd., S. 474) und die Entwicklung „einer fundierten, christlichen Hermeneutik der Kunst" (Brinkman, S. 499) bzw. des Bildes sich theologisch lohnt bzw. an der Zeit ist, wenn die Theologie anschlussfähig an die menschliche Lebenswelt und sensibel für die Kunst als Symptom des Menschlichen sein will. Der Beitrag von *Davor Džalto*, (Ikonen neu:gefasst oder über das Menschsein in unserer heutigen Medienkultur) flankiert das

63. Jahrgang
2014

Ökumenische Rundschau

Inhaltsverzeichnis

EVANGELISCHE VERLAGSANSTALT
Leipzig www.eva-leipzig.de

Themen des 63. Jahrgangs:

Was ist an unseren Schulen los? Religionsunterricht und Ökumene (Heft 1, S. 1–160)
Die Kirchen und ihre Schuld (Heft 2, S. 161–312)
Die Kirchen und der Erste Weltkrieg (Heft 3, S. 313–456)
„Du sollst Dir k(ein) Bild machen." Iconic turn. Bilder und Riten (Heft 4, S. 457–576)

Hauptartikel

Verfasser	Titel	Seite
Jeremy M. Bergen	Die reuige Kirche in der Geschichte. Theologische Reflexionen	166
Hugh Robert Boudin	Zwischen Heimat und Vaterland. Das Dilemma belgischer Protestanten von deutscher Herkunft während des Ersten Weltkrieges 1914–1918	330
Martien E. Brinkman	Die Reformierten und die Bilder	486
Daniel Buda	„Healing of Memories" der christlichen Kirchen, Kulturen und Religionen in Rumänien. Eine kurze Geschichte und Auswertung des Programms aus orthodoxer Perspektive	233
Davor Džalto	Ikonen neu:gefasst oder über das Menschsein in unserer heutigen Medienkultur	500
André Encrevé	Die französischen Protestanten und der Erste Weltkrieg	318
Julia Enxing und Ulrike Link-Wieczorek	Die Kirche – Heilige oder Sünderin? Überlegungen zur Realität von Schuld und Sünde inmitten der Heilswirksamkeit Gottes	182
Evelyn Finger	Schaut auf diese Bilder!	524
Johann Ev. Hafner und Petra Lenz	Lebensgestaltung – Ethik – Religionskunde in Brandenburg. Ein Fach für das postkonfessionelle Zeitalter	81
Hans-Joachim Höhn	„Lass Dich einmal anschaun!" Theologie im *iconic turn*	462
Heinz-Gerhard Justenhoven	Der Friedensplan Papst Benedikts XV. im Ersten Weltkrieg	360
Marina Kiroudi	Entwicklung und Praxis des orthodoxen Religionsunterrichts in Deutschland	38
Karsten Kopjar	Medieneinsatz in Gottesdiensten und zur Mission	475
Ulrike Link-Wieczorek	Die Kirchen und die Konfession: Zum konfessionellen Verständnis des konfessionellen Religionsunterrichts	7

Olga Lukàcs	Die Reformierte Kirche der Ungarn in Siebenbürgen unmittelbar nach dem Ersten Weltkrieg	345
Hamideh Mohagheghi	Religionsunterricht und Ökumene. Überlegungen zum islamischen Religionsunterricht in Deutschland	54
Sabine Pemsel-Maier	Konfessionell-kooperativer Religionsunterricht: Mehr als konfessionelle Kooperation in der Schule	27
Johannes Röser	Dabei sein ist alles? Die Kirchen, die Erlebnisgesellschaft und die Eventkultur	512
Matías Omar Ruz	Argentinische Kirche, Militärdiktatur und Demokratie. Theologische Zugänge zur Interpretation einer noch immer schmerzhaften Vergangenheit	201
Curt Stauss	Vergebung entschuldigt nicht. Zur Rolle der evangelischen Kirchen in der DDR	217
Athanasios Vletsis	Katechese oder Kulturunterricht? Der Streit um den Religionsunterricht in Griechenland als Beispiel der Suche nach der orthodoxen Identität im Kontext europäischer Normen	94
Friedrich Weber	Friedensethische Impulse	350
Wolfram Weiße	Der Hamburger Weg eines dialogischen „Religionsunterrichts für alle". Religionspädagogische Konzeption, theologische Fundierung, Weiterentwicklung und Einordnung in Europa	66

Junge Ökumenikerinnen und Ökumeniker

Bente Petersen	„Restaurative Gerechtigkeit" als Ermöglichung von Versöhnung – in den Transformationsgesellschaften der ehemaligen DDR und Argentiniens	244
Alexandra Ruppel-Herdt	Ikonen als Elemente politischer Symbolik. Die Problematik der Nutzung von Heiligen Bildern in modernen orthodoxen Gesellschaften	528
Thomas Zellmeyer	Ein Beispiel ökumenisch offener Orthodoxie. Die Enzyklika des Patriarchates von Konstantinopel von 1920 an die Kirchen der Welt	372

Zur Diskussion

Cyril Hovorun	Die Kirche auf dem Maidan: Die Macht des gesellschaftlichen Wandels	383

Dokumente und Berichte

Das Global Ecumenical Theological Institute (GETI) – eine neue
Initiative im Ökumenischen Rat der Kirchen (*Jutta Koslowski*) 115

Blitzlichter aus Busan. Erfahrungen von zwei jugen Teilnehmenden der Schweizer
Delegation an der 10. Vollversammlung des Ökumenischen Rates der Kirchen
(*Nadja Heimlicher* und *Daniel Infanger*) 119

Gott des LEBENS, weise uns den (Pilger-)WEG zu Gerechtigkeit und Frieden!
Bericht von der 10. Vollversammlung des Ökumenischen Rates der Kirchen vom
29. Oktober bis 8. November in Busan, Republik Korea (*Frank Schürer-Behrmann*) 125

Schuldbekenntnis und Bußgebet am 28. November 2010 (1. Advent) (*Franz Josef Bode*) 264

Friede sei mit euch! Abschlusspredigt der 10. Vollversammlung des Ökumenischen
Rates der Kirchen in Busan (Korea) (*Michael Lapsley*) 267

Ein feste Burg ist unser Gott. Predigt zu einem reformatorischen Kirchenlied (EG 362)
(*Helmut Aßmann*) 275

Paul Schneider-Gedenkgottesdienst am 18. Juli 2013 in Dickenschied.
Text: 1 Petr 5,6–11 (*Engelbert Felten*) 280

Schlusserklärung der Internationalen Konferenz „Versöhnung und nachhaltiger
Frieden – Impulse der Theologie Dietrich Bonhoeffers für den europäischen und
afrikanischen Kontext" in Kibuye/Ruanda vom 25. bis 28. Februar 2014 284

Heilung der Erinnerungen. Das Verhältnis der evangelischen Frei- und
Landeskirchen im 19. Jahrhundert. Eine Projektskizze 286

Der Beitrag der Ökumene in der theologischen Ausbildung. Tagungsbericht der
25. Jahresversammlung der Arbeitsgemeinschaft Ökumenische Forschung
(Ecumenical Research Forum) in der Missionsakademie an der Universität Hamburg,
8. bis 11. November 2013 (*Florian Tuder*) 288

Kirche und Kirchen in der Ukraine – ein kurzer Überblick (*Michael Hübner*) 405

Der Erste Weltkrieg in den Archiven der Missionswerke (*Barbara Rudolph*) 408

Die Gemeinschaft Evangelischer Kirchen in Europa gedenkt des Ausbruchs des
Ersten Weltkrieges (Kopenhagen, Juni 2014) 414

Ein syrisch-orthodoxer Augenzeuge berichtet aus dem Shato d'Seyfo
(„Jahr des Schwertes") 1915 (*Martin Illert*) 417

Ein Schuldbekenntnis zum Abschluss der Theologischen Gespräche zwischen der
Russischen Orthodoxen Kirche und dem Bund der Evangelischen Kirchen in der DDR
im Jahr nach dem Mauerfall (*Martin Illert*) 419

Mainzer Botschaft der Ökumenischen Versammlung 2014
„Die Zukunft, die wir meinen – Leben statt Zerstörung" 421

Pilgerweg der Gerechtigkeit und des Friedens. Bericht von der
61. Zentralausschusssitzung des Ökumenischen Rates der Kirchen (ÖRK)
vom 2. bis 8. Juli 2014 in Genf (*Anne Heitmann*)   540

Abschlusserklärung des Kongresses MissionRespekt „Christliches Zeugnis
in einer multireligiösen Welt" (*die Teilnehmerinnen und Teilnehmer*)   548

Ökumenische Persönlichkeiten

In memoriam Professor Dr. Johannes Brosseder (*Oliver Schuegraf*)   427

In memoriam Wolfhart Pannenberg (*Friederike Nüssel*)   550

„Gottbefohlen." Otto Hermann Pesch zum Gedächtnis (*Dorothea Sattler*)   553

Neue Bücher

Verfasser	Titel	Seite
Arbeitsgemeinschaft Christlicher Kirchen in Deutschland (Hg.)	Die Bibel neu als Schatz entdecken	573
Barth, Karl	Vorträge und kleinere Arbeiten 1930–1933, Karl Barth Gesamtausgabe	569
Baumert, Norbert	Christus – Hochform von ‚Gesetz'. Übersetzung und Auslegung des Römerbriefes (= Paulus neu gelesen)	571
Beinert, Wolfgang/ Kühn, Ulrich	Ökumenische Dogmatik	151
Bräuer, Martin	Handbuch der Kardinäle 1846–2012	564
Clements, Keith	Ecumenical Dynamic. Living in More than One Place at Once	450
Dahlgrün, Corinna	Christliche Spiritualität. Formen und Traditionen der Suche nach Gott	307
Dieckmann, Elisabeth/ Sajak, Clauß Peter (Hg.)	Weißt Du, wer ich bin? Initiativen und Projekte für das interreligiöse und interkulturelle Lernen	446
Ferrario, Fulvio (Hg.)	Umstrittene Ökumene. Katholizismus und Protestantismus 50 Jahre nach dem Vatikanum II	154
Gensch, Brigitte/ Grabowski, Sonja (Hg.)	Der halbe Stern. Verfolgungsgeschichte und Identitätsproblematik von Personen und Familien teiljüdischer Herkunft	309

Gräbig, Ulrich/ *Schreiner, Martin* (Hg.)	Mitten ins Leben. Religion 2. Ab 7. Schuljahr – Schülerbuch	149
Greschat, Martin	Der Erste Weltkrieg und die Christenheit. Ein globaler Überblick	439
Hassanein, Diaa Eldin	Der Hamburger Weg des Religionsunterrichts. Eine Empirische Analyse zum Dialog im Klassenzimmer	148
Haudel, Matthias	Ökumene mit Zukunft. Gemeinsamer Dialog aller Konfessionen	448
Kallis, Anastasios	Auf dem Weg zu einem Heiligen und Großen Konzil Ein Quellen- und Arbeitsbuch zur orthodoxen Ekklesiologie	300
Kunter, Katharina/ *Schilling Annegreth* (Hg.)	Globalisierung der Kirchen. Der Ökumenische Rat der Kirchen und die Entdeckung der Dritten Welt in den 1960er und 1970er Jahren	568
Leppin, Volker	Die Reformation	444
Nelson, R. David	The Interruptive Word. Eberhard Jüngel on the Sacramental Structure of God's Relation to the World	443
Neuner, Peter/ *Zulehner, Paul M.*	Dein Reich komme. Eine praktische Lehre von der Kirche	452
Patka, Marcus G. (Hg.)	Weltuntergang. Jüdisches Leben und Sterben im Ersten Weltkrieg	441
Reents, Christine	Kinderbibeln. Bilder vom Holzschnitt zum Comic Evangelisch – katholisch – jüdisch	157
Richter, Manfred	Johann Amos Comenius und das Colloquium Charitativum von Thorn 1645	302
Seidel, Thomas A./ *Spehr, Christopher* (Hg.)	Das evangelische Pfarrhaus. Mythos und und Wirklichkeit	565
Wartenberg-Potter, Bärbel	Anfängerin – Zeitgeschichten meines Lebens	303
Widmann, Alexander *Christian*	Wandel mit Gewalt? Der deutsche Protestantismus und die politisch motivierte Gewaltanwendung	155
Wrogemann, Henning	Missionstheologien der Gegenwart. Globale Entwicklungen, kontextuelle Profile und ökumenische Herausforderungen	304

Ganze mit einer philosophisch verorteten „Ästhetik der Exstasis" aus orthodoxem Blickwinkel. Auf einen kritischen Blick auf die aktuelle kirchliche Praxis konzentrieren sich die Beiträge von *Karsten Kopjar* (Medieneinsatz in Gottesdiensten und zur Mission) und *Johannes Röser* (Dabei sein ist alles?). Während Johannes Röser die ausufernde Dynamik von Medialisierung und Eventkultur liturgischer Inszenierungen eher skeptisch beurteilt, entwickelt Karsten Kopjar vor dem Erfahrungshintergrund freikirchlicher Gottesdienstpraxis eine kleine pastoraltheologische Apologie des Medieneinsatzes in Gottesdiensten. Den Horizont des Theologischen weitet der Beitrag von *Evelyn Finger* (Schaut auf diese Bilder!). Auf dem Hintergrund der aktuellen Herausforderungen des Journalismus stellt die Zeit-Redakteurin die Frage nach einer ethisch verantwortlichen Berichterstattung. Bilder dienen eben nicht nur der sensationslüsternen Inszenierung, sie verteidigen auch das Recht der Opfer, gesehen, d. h. wahrgenommen zu werden, in dem das Böse der Tat gezeigt wird. Unter der Rubrik „Junge Ökumenikerinnen" nimmt *Alexandra Ruppel-Herdt* (Ikonen als Elemente politischer Symbolik. Die Problematik der Nutzung von Heiligen Bildern in modernen orthodoxen Gesellschaften) die orthodoxe Perspektive noch einmal auf, um das Potential der politischen Inszenierungen wie propagandistischen Instrumentalisierungen liturgischer Traditionen und volksfrommer Vollzüge kritisch in den Blick zu nehmen. Das Heft schließt mit einem Bericht von der 61. Zentralausschusssitzung des Ökumenischen Rates der Kirchen (ÖRK) vom 2. bis 8. Juli 2014 in Genf (Pilgerweg der Gerechtigkeit und des Friedens) aus der Feder von *Anne Heitmann* und der Dokumentation der Abschlusserklärung des Kongresses MissionRespekt.

Das Redaktionsteam der Ökumenischen Rundschau hat in diesem Heft die traurige Pflicht von zwei Größen der Ökumenischen Theologie Abschied nehmen zu müssen. Wir gedenken Wolfhart Pannenberg und Otto Hermann Pesch, die im September dieses Jahres verstorben sind.

Für das Redaktionsteam
Johanna Rahner und Oliver Schuegraf

„Lass Dich einmal anschaun!"

Theologie im *iconic turn*

Hans-Joachim Höhn[1]

Dass der Glaube vom Hören kommt (Röm 10,17) ist eine maßgebliche Einsicht für die Praxis und Reflexion des Christseins. Niemand hat den Glauben, dass Gott dem Menschen unbedingt zugewandt ist, aus sich selbst und für sich allein. Ihm geht die Bezeugung dieser Zuwendung voraus und er lebt in und aus der Übersetzung dieses Zeugnisses in neue zwischenmenschliche Zuwendung. Es besteht sonst die Gefahr, dass man sich die Nähe Gottes nur einredet und es bei bloßem Gerede bleibt.[2] Religiöse Eigenbrötelei und spirituelle Selbstgespräche lassen sich nur verhindern, wenn man darauf hört, was in Glaubensdingen andere zu sagen haben, und mit anderen bespricht, was davon zu halten ist. Viele Christen bezweifeln aber, ob die vom Evangelium bezeugte Zuwendung Gottes zum Menschen allein auf ein „Hören-Sagen" zu beziehen ist. Genügt es, sich ein Hörbuch des Neuen Testamentes zu besorgen, einen Kopfhörer aufzusetzen und abzuwarten, was dabei zu Ohren kommt? Gibt es nicht auch andere Gegebenheitsweisen einer Zuwendung Gottes? Machen vielleicht außer dem Hörsinn noch andere Sinne auf eine Spur dieser Zuwendung aufmerksam? Schließlich lautet eine häufige Aufforderung im Neuen Testament: Kommt und seht! Offensichtlich ist damit die Einladung verbunden, sich ein Bild von Gottes Nähe zu machen. Ist es daher nicht auch angezeigt, dass man in der Theologie zu der Einsicht kommt, ein „iconic turn" sei an der Zeit?[3]

---

[1] Hans-Joachim Höhn ist Professor für Systematische Theologie und Religionsphilosophie am Institut für Katholische Theologie der Universität Köln.

[2] Vgl. hierzu *Ulrich Lincoln:* Die Theologie und das Hören, Tübingen 2014; *Peter Knauer:* Der Glaube kommt vom Hören. Ökumenische Fundamentaltheologie, Freiburg/Basel/ Wien ⁶1991.

[3] Vgl. etwa *Jörg Seip:* Jenseits der Sprache. Pastoral vor dem *iconic turn*, in: ThPQ 159

ÖR 63 (4/2014), S. 462–474

Dieser Vorschlag ist nicht unumstritten. Skeptiker warnen vor einer solchen Umstellung von Ansatz und Zuschnitt der Glaubensreflexion. Für sie droht ein „iconic turn" die Standards rationaler Glaubensverantwortung aus dem Blick zu verlieren. Verlangt wird hier das Abwägen von Argumenten und nicht das Bewerten von optischen Eindrücken. Aber es gibt durchaus gute Gründe, sich auf ein verändertes Reflexionsformat einzulassen: Zum einen zeigen sich neue Formen religiöser Aufgeschlossenheit, welche auf den Nexus von Sinn und Sinnlichkeit, von ästhetischer und religiöser Erfahrung setzen und dabei das Sehen als Leitsinn hervorheben.[4] Zum anderen ist die Theologie gut beraten, wenn sie sich um der interdisziplinären Anschlussfähigkeit ihrer Reflexionen willen für jene methodischen Transformationen öffnet, die seit geraumer Zeit in den Geistes- und Sozialwissenschaften im Kontext eines „cultural turn"[5] virulent sind und im „iconic turn" eine besondere Ausprägung gefunden haben.[6]

Diese Öffnung ist in den letzten Jahren zunächst nur sehr verhalten vollzogen worden,[7] obwohl sich im Rahmen des „cultural turn" in einigen Bezugswissenschaften der Theologie eine ausdrückliche Hinwendung zum Komplex „Religion" abzeichnete.[8] Die theologische Zunft befürchtete, mit

---

(2011), 36–44; *Matthias Sellmann:* Christsein im *iconic turn* der Gegenwartskultur, in: PThI 29 (2009), 32–48.

4   Vgl. ausführlich *Gerhard Larcher:* Religione nel ‚cultural turn'. Prolegomeni a un' estetica teologica per oggi, in: *Stefanie Knauss/Davide Zordan* (Hg.): La Promessa immaginata. Proposte per una teologia estetica, Bologna 2011, 17–35; *Mirjam-Christina Redeker:* Wahrnehmung und Glaube. Zum Verhältnis von Theologie und Ästhetik in gegenwärtiger Zeit, Berlin/New York 2011; *Erich Garhammer* (Hg.): BilderStreit. Theologie auf Augenhöhe, Würzburg 2007; *Hans-Joachim Höhn:* Die Sinne und der Sinn. Religion – Ästhetik – Glaube, in: IkaZ 35 (2006), 433–443.

5   Vielfach wird dabei Bezug genommen auf den „semiotischen" Kulturbegriff von *Clifford Geertz:* Dichte Beschreibung. Beiträge zum Verstehen kultureller Systeme, Frankfurt ²1987, 46: „Er bezeichnet ein historisch überliefertes System von Bedeutungen, die in symbolischer Gestalt auftreten, ein System überkommener Vorstellungen, die sich in symbolischen Formen ausdrücken, ein System, mit dessen Hilfe die Menschen ihr Wissen vom Leben und ihre Einstellungen zum Leben mitteilen, erhalten und weiterentwickeln."

6   Vgl. hierzu ausführlich *Stephan Moebius* (Hg.): Kultur. Von den Cultural Studies bis zu den Visual Studies, Bielefeld 2012; *Andreas Reckwitz:* Die Transformation der Kulturtheorien, Weilerswist ²2010; *Doris Bachmann-Medick:* Cultural Turns. Neuorientierungen in den Kulturwissenschaften, Reinbek 2006.

7   Vgl. die abwartend-abwägenden Positionen, in: *Wolfgang Stegemann* (Hg.): Religion und Kultur. Aufbruch in eine neue Beziehung, Stuttgart 2003. Zum breiten Spektrum der in den letzten Jahren deutlich zunehmenden theologischen Bezugnahmen siehe: *Judith Gruber:* Theologie nach dem Cultural Turn. Interkulturalität als theologische Ressource, Stuttgart 2013; *Dies.* (Hg.): Theologie im Cultural Turn. Erkenntnistheologische Erkundungen in einem veränderten Paradigma, Frankfurt a. M./Bern 2013.

8   Siehe etwa *Andreas Nehring/Joachim Valentin* (Hg.): Religious Turns – Turning Religions. Veränderte kulturelle Diskurse – neue religiöse Wissensformen, Stuttgart 2008.

einer Übernahme von Ansatz und Anliegen des „cultural turn" jenen Kräften zuzuarbeiten, welche die Theologie selbst nur noch als eine spezifische Spielart der Kulturwissenschaften wahrnehmen wollen.[9] In diesem Fall würde für sie die Rolle eines teilnehmenden Beobachters religiöser Kommunikation übrig bleiben, der die dabei artikulierten Geltungs- und Wahrheitsansprüche nur noch notiert, aber nicht mehr verteidigt. Bei näherem Hinsehen wird jedoch klar, dass das Drehmoment des „cultural turn" die Theologie weder befremden noch ihr spezifisches Profil verunstalten muss: Hier wird zunächst nur die alte anthropologische und erkenntnistheoretische These neu diskutiert und bestätigt, dass der Mensch nicht über ein unmittelbares Verhältnis zur Wirklichkeit verfügt. Im Zentrum steht die Vorstellung einer Konstruktion der (Zugänge zur) Wirklichkeit in bzw. über kulturelle Codes. Menschlichem Verhalten sind entsprechende Leitmedien, Lebensformen und -praktiken zuzuordnen, von denen ein Sich-zurecht-finden in der Welt abhängig ist. Diese Codes, Medien und Praktiken sind traditionell primär Gegenstand wissenschaftlicher Reflexion gewesen.

Die Innovation des „cultural turn" besteht im Umschlag des Forschungsfokus von der Gegenstandsebene auf die Ebene von Analyse- und Deutungskonzepten: Der Untersuchungsgegenstand avanciert nun zum Erkenntnismedium. Dabei geht es um mehr als um die Hinwendung zur sozio-kulturellen Sphäre menschlichen Daseins und um das Anlegen kritischer Maßstäbe an soziale Konstruktionen der Wirklichkeit oder an religiös-symbolische Sinnwelten. Sie sind fortan nicht bloß Objekt wissenschaftlicher Reflexion und Kritik, sondern zugleich auch Zugangsweise und Wahrnehmungslieferant hinsichtlich der Frage: Was heißt es und wie gelingt es, sich in dieser Welt zurechtzufinden?

Dies zeichnet auch den „iconic turn" aus, der im Folgenden für die Frage nach dem Zusammenspiel von Welt-, Menschen- und Gottesbild und deren theologischer Reflexion zu sondieren ist. Dabei wird zunächst daran erinnert, dass Bilder wie Worte nicht allein Gegenstand der Betrachtung und Deutung sind. Vielmehr fungieren sie stets auch als ein Instrument, die Welt zu betrachten und einen Blick für die Welt zu gewinnen. Anhand von Bildern kann man sehen und zeigen, was und wie Menschen von sich und ihrer Welt sehen und zeigen. Bilder sind zudem erkenntnistheoretisch belangvoll: Dem Betrachter eines Bildes können bei diesem Vollzug die „Augen aufgehen", wobei ihm nicht bloß „etwas" aufgeht, sondern auch klar wird, was es heißt, dass jemandem etwas „aufgeht". Ihm wird beim

---

[9] In diese Richtung weisen einige Plädoyers, in: *Anton Grabner-Haider* (Hg.): Theologie wohin? Plädoyer für eine freie Religionswissenschaft, Paderborn 2012.

Sehen gezeigt, wie Erkenntnis entsteht, und er kann sich dabei zusehen, wie er eine Einsicht gewinnt (1.). Das theologische Interesse an Bildern wird in einem zweiten Schritt mit diesen Bestimmungen in Beziehung gesetzt. Theologie im „iconic turn" zu treiben, heißt dann: dem Menschen dabei zusehen, wie er sich vom Evangelium her zeigen (und nicht bloß sagen) lassen kann, was es mit seinem Dasein auf sich hat. Im Zentrum steht die schon von Nikolaus von Kues in „De visione Dei" (1453) verhandelte Frage, wie man der Bedeutung dieses Daseins „ansichtig" wird und inwiefern die Rede vom Weltverhältnis Gottes hierfür die Augen öffnen kann (2.). Sich im Anschluss an diesen Text auf einen „iconic turn" einzulassen, bedeutet für die Theologie keineswegs, die Inhalte des Glaubens zu einer bloßen „Ansichtssache" zu machen und sich vom Projekt diskursiver Glaubensverantwortung zu verabschieden. Er muss auch nicht in die Selbstauslieferung an eine Kultur münden, für die nur das Vorzeigbare zählt, die alles Bedeutsame unter Veranschaulichungsdruck setzt sowie den Grad seiner Bedeutsamkeit daran festmacht, ob es auch ansehnlich ist.[10] Die Chance der Theologie besteht vielmehr darin, den kategorischen Imperativ „Zeig's mir!" so zu erfüllen, dass sich auch die kritische Vernunft davon ein Bild machen kann. Mit dem „iconic turn" ist die Möglichkeit verbunden, auch im Horizont der ästhetischen Vernunft die Kerngehalte und den Geltungsanspruch des christlichen Glaubens zur Sprache zu bringen (3.).

1. Vom Sagen zum Zeigen – oder: Die Welt sieht so aus, wie wir sie ansehen!

Wortspiele verdienen ernst genommen zu werden – vor allem dann, wenn in ihnen das Verhältnis von Sagen und Zeigen, von Hören und Sehen zum Ausdruck kommt. Bisweilen muss man nämlich sagen, was man sieht, damit andere hören, was sich zeigt. Hier ist es die Sprache, die die Augen öffnet – auch für den Umstand, dass die Welt so aussieht, wie wir sie ansehen. Dass wir ohne die Sprache dies nicht vermitteln können, ist eine wesentliche Einsicht des „linguistic turn" in der Philosophie des 20. Jahrhunderts. Nachdem die Sprache lange Zeit nur als ein besonderer Gegenstand der Erkenntnis auftrat, rückt sie nun in den Rang einer entscheidenden Erkenntnisvoraussetzung und eines unhintergehbaren Erkenntnismediums

---

[10] Vgl. hierzu bereits *Hans-Joachim Höhn:* „Ansichtssache". Ästhetik zwischen Zeitdiagnose und Sozialanalyse, in: *Walter Fürst* (Hg.): Pastoralästhetik, Freiburg/Basel/Wien 2002, 75–90.

auf.[11] Gleichzeitig wird die Sprachphilosophie zur „prima philosophia". Sie macht deutlich, dass jeder Zugang zur Wirklichkeit, der etwas als etwas vermittelt, sprachlich grundiert ist, so dass ohne Sprache ein irgendwie bedeutsamer Zugriff auf Nicht-Sprachliches unmöglich ist. Damit wird nicht behauptet, dass die Sprache als exklusive Ressource von Sinn und Bedeutung anzusehen ist. Vielmehr gilt sie als unabdingbar für die sinnvolle Erschließung aller Ressourcen.

Allerdings richtet sich der Blick danach auch auf andere Zeichensysteme, die ebenfalls den Rang eines solchen Mediums beanspruchen – allen voran Bilder. Auch sie stehen für ein welterschließendes und wahrnehmungsprägendes Vermögen des Menschen. Neben der Sprachkompetenz rückt zu Beginn des 21. Jahrhunderts das bildvermittelte Zeigen zu einer gleichursprünglichen Erkenntnis- und Verständigungsform auf. Im Schlepptau des „linguistic turn" vollzieht sich daher folgerichtig ein „iconic turn".[12] Er will nicht nur die Aufmerksamkeit darauf lenken, dass auch Bilder Bedeutsames zeigen, selbst Bedeutungsträger sind und als Instrumente fungieren, mit denen Menschen ihre Welt verstehen lernen. Ihm geht es vor allem um die fundamentale Erkenntnisleistung von Bildern, die nicht bloß „etwas zeigen" (Funktion der Repräsentation), sondern zeigen, wie etwas erscheint und wie man etwas sehen kann (epistemische Funktion). Bilder zeigen dem Erkenntnissubjekt, wie es sich selbst sehen lassen und zeigen kann, wie es gesehen werden will (expressiv-performative Funktion). Bilder erschließen Wirklichkeitsbezüge und Perspektiven, die dem Betrachter zur weiteren deutenden Erkundung offen stehen: Sie verkörpern Ansichten und erzeugen Einsichten. Sie lassen etwas *durch* sich und *in* sich zum Vorschein kommen.[13] Mit ihnen lässt sich ebenso Abstraktes veranschaulichen wie zu Abstraktionen anleiten. In ihrer Materialität sind sie nicht identisch mit dem, was sie zeigen. Indem sie aber Medium des Zei-

---

[11] Vgl. *Richard Rorty* (Hg.): The Linguistic Turn. Essays in Philosophical Method, Chicago ²1992 (Erstauflage 1967).
[12] Vgl. hierzu *Daniel Hornuff:* Bildwissenschaft im Widerstreit, München 2012; *Klaus Sachs-Hombach* (Hg.): Bildtheorien. Anthropologische und kulturelle Grundlagen des Visualistic Turn, Frankfurt a. M. 2008; *Hans Belting* (Hg.): Bilderfragen. Die Bildwissenschaft im Aufbruch, München 2007; *Christa Maar/Hubert Burda* (Hg.): Iconic Turn. Die neue Macht der Bilder, Köln 2004; *Stefan Majetschak:* „Iconic Turn". Kritische Revisionen und einige Thesen zum gegenwärtigen Stand der Bildtheorie, in: PhR 49 (2002), 44–64.
[13] Vgl. *Lambert Wiesing:* Sehen lassen. Die Praxis des Zeigens, Berlin 2013; *Gottfried Boehm* (Hg.): Zeigen. Die Rhetorik des Sichtbaren, München 2010; *Eva Schürmann:* Sehen als Praxis. Ethisch-ästhetische Studien zum Verhältnis von Sicht und Einsicht, Frankfurt a. M. 2009.

gens und Sehens sind, decken sie auf, was ohne sie unsichtbar bliebe. Die bildgebenden Verfahren der modernen Medizin (z. B. MRT) sind durch eben diese Funktion definiert. Indem Bilder eine ästhetische Verknüpfung von Zeigen und Deuten vornehmen, machen sie die Wirklichkeit auf ästhetische Weise verstehbar und kommunizierbar.[14]

Die Vertreter des „iconic turn" räumen ein, dass es zwar keine gesicherte Erkenntnis von der Welt gibt ohne den „Spiegel" der Sprache. Aber gleichwohl sprechen sie Bildern eine eigene Generierungsweise von Erkenntnis und Bedeutung zu. Nicht nur dasjenige, das durch Sprache verlautbart werden kann und sich in Aussagesätze bringen lässt, ist Kandidat für Wahrheit und Relevanz, sondern auch dasjenige kann dem Menschen als wirklich, wahr und belangvoll aufgehen, worauf er „deiktisch" aufmerksam wird. Was sich nicht sagen lässt, weil es am Wort gebricht, lässt sich zeigen und auf diese Weise bewusst machen.[15] Allerdings ist es ein Gebot intellektueller Redlichkeit, dass man sagt, warum man etwas nicht sagen kann und es stattdessen zeigt.

2. Vom Hören und Sehen – oder: Wie Menschen sich (vor Gott) sehen lassen können

Auf den ersten Blick scheint die Theologie zu den Nachzüglern des „iconic turn" zu gehören. Allerdings trifft dies nur zu, wenn man eine Statistik über das explizite Vorkommen des „turn"-Vokabulars anlegt. Auf den zweiten Blick wird klar, dass sie „avant la lettre" längst ein Verständnis für die skizzierten Wendeprojekte entwickelt hat.[16] Man könnte sogar weit in die Theologiegeschichte zurückgehen und entdecken, dass dieser „turn" der Sache nach bereits gegeben ist, ohne dass in der Theologie die Sprache darauf kommt.

---

[14] Siehe hierzu ausführlich *Gottfried Boehm:* Wie Bilder Sinn erzeugen. Die Macht des Zeigens, Darmstadt ³2010; *Ders.* (Hg.): Was ist ein Bild?, München ⁴2006; *William John Thomas Mitchell:* Bildtheorie, Frankfurt a. M. 2008; *Hans Ulrich Reck:* Eigensinn der Bilder, München 2007; *Lambert Wiesing:* Artifizielle Präsenz. Studien zur Philosophie des Bildes, Frankfurt a. M. 2005.

[15] Siehe hierzu *Ludger Schwarte:* Pikturale Evidenz. Zur Wahrheitsfähigkeit von Bildern, München 2014.

[16] Vgl. etwa die Arbeiten von *Alex Stock:* Durchblicke. Bildtheologische Perspektiven, Paderborn 2011; *Ders.:* Bilderfragen. Theologische Gesichtspunkte, Paderborn 2004; *Johannes Rauchenberger:* Biblische Bildlichkeit. Kunst-Raum theologischer Erkenntnis, Paderborn 1999.

Bereits Nikolaus von Kues (1401–1464) operiert mit dem „ikonischen" Imperativ „Lass Dich doch einmal anschauen!" und macht daraus ein berühmtes Exercitium in seiner Schrift „De visione dei".[17] Das Experiment vom Sehen Gottes, das er mit einem Mönchskonvent am Tegernsee durchführt, beginnt damit, dass Nikolaus von Kues sich das Bild eines „Alles-Sehenden" besorgt, welches den Eindruck erweckt, als ob es gleichsam alle(s) ringsum anblicke („Mona-Lisa-Effekt"). Nikolaus nennt dieses Bild „Ikone Gottes" (eiconam Dei). Dieses Bild wird an der Stirnwand eines Raumes angebracht und die Mönche werden aufgefordert, sich im Halbkreis vor ihm aufzustellen. Die Schulung ihres (religiösen) Sehsinns besteht nun darin, dass ihnen sukzessive die Augen aufgehen: Beim Betrachten dieses Bildes sehen die Mönche zuerst (nur) ein Gesicht, dann zwei Augen, zuletzt aber darin einen Blick und ein Angeblicktwerden. Sie lernen mittels des Sehsinns das Physisch-Sinnliche zu transzendieren auf das Nicht-Sinnliche, das im sinnlichen Vollzug des Sehens miterfahren wird.

Beim Betrachten des „Alles-Sehenden" fällt den Mönchen zunächst auf, dass jeder einzelne, von welcher Stelle er auch das Bild betrachtet, die Erfahrung macht, als werde er allein von diesem Alles-Seher angeschaut. Als Anschauender ist der Mensch immer schon und zugleich auch Angeschauter. Er steht im Blickfeld Gottes. Er sieht einen Blick, der ihm ganz persönlich gilt. Er zieht Gottes Blick ungeteilt auf sich. Jeder Einzelne hat vor Gott ein „Ansehen", ohne durch besondere Ansehnlichkeit oder Blickfänger („Aussehen") dieses Ansehen begründen oder herleiten zu müssen. Da dies aber alle von sich behaupten, kommen sie nicht umhin zu unterstellen, dass jene „icona Dei" zugleich alle und jeden einzelnen anblickt und Ansehen verleiht. Zu der Erfahrung, unverwechselbar und einmalig gemeint zu sein, kommt also die Erfahrung hinzu, dass alle gleichermaßen, d. h. in gleicher Intensität und Ungeteiltheit im Blick des All-Sehenden stehen. Bestätigt wird dies, indem die Mönche einen Ortswechsel und Platztausch vornehmen und dabei erleben, dass Gottes Blick „mitgeht". Keiner kann am Ende sagen, ganz persönlich und unzweideutig von Gott angeblickt zu werden, ohne dies zugleich auch von seinem Mitbruder zu behaupten. Niemand kann für sich ein besonderes Ansehen vor Gott reklamieren, ohne dies auch jedem anderen zuzusprechen.

---

[17] *Nikolaus von Kues:* De visione Dei – Das Sehen Gottes (übers. von H. Pfeiffer), Trier 1985. Zur Interpretation im Kontext der Moderne siehe *Hans-Joachim Höhn:* Der fremde Gott. Glaube in postsäkularer Kultur, Würzburg 2008, 199–236 (Lit.); *Thomas Sören Hoffmann:* Vom Sehen des Sehens im Bild. Hinweise zur cusanischen Ikonologie, in: *Walter Schweidler* (Hg.): Weltbild – Bildwelt, St. Augustin 2007, 59–77.

Die Beziehung zwischen Gott und Mensch ereignet sich im Geschehen sehenden Gesehenwerdens und ist als solche hineinvermittelt in das Sehen des Menschen. Der „doppelte" Genitiv (das Sehen Gottes als genitivus subjectivus und objectivus) benennt Gott als Sehenden und Gesehenen, der im Vollzug des Sehens sich sehen lässt. Aber auch für den Betrachter des Bildes trifft dies zu. Er sieht den Abgebildeten an und nur in diesem seinem Sehen sieht er, dass der Abgebildete ihn ansieht. („Was anderes, Herr, ist Dein Sehen, wenn Du mich ... anschaust, als daß Du von mir gesehen wirst?", nr. 13). Hier ereignet sich die Koinzidenz von Sehen und Gesehenwerden („Dadurch, daß Du mich siehst, gewährst Du, daß Du von mir gesehen wirst, der Du ‚der verborgene Gott' (Jes 45,15) bist", nr. 13). Der eigentlich Aktive ist jedoch der Betrachter der „icona Dei"; er wechselt Standort und Blickrichtung. Dieser Wechsel ist es allererst, der ihn erfahren lässt, dass der Blick des Abgebildeten mit ihm geht. Und diese Erfahrung ist ihrerseits nur deswegen möglich, weil wiederum das Sehen Gottes in das Sehen des Menschen einbezogen ist. Allerdings ist das, was der Mensch im Vollzug des Sehens erblickt, kein gegenständlich anzielbares „Woraufhin", kein sachhaftes Seiendes. Der Gott ansehende Mensch sieht nichts Gegenständliches, sondern ein Angesehenwerden. Er sieht nicht, wie Gott „aussieht", sondern dass er ihn ansieht. Er sieht einen Blick, er nimmt einen Vollzug wahr: das Sehen Gottes, das Gott selbst ist und darin er wirklich ist und zugleich Ermöglichungsgrund für das Sehen des Menschen ist. Denn ebenso wie im sehenden Gesehenwerden der Mensch den Blick Gottes auf sich zieht, so zieht dabei Gott den Blick des Menschen auf sich.[18]

Das Bedeutsame ist nun, dass Nikolaus von Kues dieses Experiment nicht einfachhin als ein ästhetisch-moralisches Gleichnis dafür nimmt, dass Gott „so aufmerksam für einen jeden Sorge trägt, als ob er sich allein um den, der erfährt, dass er angeschaut wird, und um keinen anderen kümmere" (De visione Dei, nr. 4). Vielmehr nimmt er dieses Experiment zum Anlass, um die Beziehung zwischen Gott und Mensch daraufhin zu bedenken, worin diese Beziehung überhaupt besteht, wie sie strukturiert ist und welcher Logik sie folgt. Die Pointe dieses Ansatzes besteht darin, dass Gottes Wirklichkeit nicht substanzhaft bestimmt, sondern über den Vollzug des Sehens als eine Realität erschlossen wird, die angemessen wiederum

---

[18] Zur näheren Bestimmung der ästhetischen Darstellung dieses theologischen Sachverhaltes, siehe: *Norbert Herold:* Bild der Wahrheit – Wahrheit des Bildes. Zur Deutung des „Blicks aus dem Bild" in der Cusanischen Schrift De visione Dei, in: *Volker Gerhardt/Norbert Herold* (Hg.): Wahrheit und Begründung, Würzburg 1985, 71–98.

nur „vollzugstheoretisch" beschreibbar ist. Gott wird nicht „gegenstands-ontologisch" oder „substanzmetaphysisch" als ein höchstes Seiendes definiert, dem man bestimmte Eigenschaften zusprechen kann. Was der Mensch im Vollzug des Sehens erblickt, ist kein „etwas" und kein „jemand". Er sieht nicht, wie Gott „aussieht", sondern dass er ihn „ansieht".

Das „Sein Gottes" wird hier relational und nicht „vorhandenheitsonto-logisch" bestimmt, was einen bis in die Gegenwart relevanten Paradigmenwechsel für die Erörterung der Gottesfrage markiert.[19] Dies ist nicht der einzige Zugewinn, den die Theologie erzielen kann, wenn sie im Anschluss an den im cusanischen Experiment angelegten „iconic turn" in der Sphäre der Bildlichkeit zeigen will, was sie vornehmlich in der Sphäre der Sprachlichkeit verortet. Für eine Hermeneutik zentraler Glaubensinhalte folgt daraus die Möglichkeit, den für das Evangelium entscheidenden Gedanken der unbedingten Anerkennung des Menschen in seiner Freiheit und Unvertretbarkeit in das ästhetische Format des „Ansehens" zu übersetzen und darin plausibel zu machen. Der Mensch ist nicht nur als Hörer des „Wortes Gottes" resonanzfähig für Gottes Heilswillen. Ihm können auch die Augen dafür aufgehen, dass er als Gottes Ebenbild mehr bedeutet als der Staub, der von ihm übrig bleibt. Ihm kann gesagt und gezeigt werden, dass er Adressat einer Zuwendung ist, die im Leben und im Tod Bestand hat.

Dabei geht auch auf, dass in der Theologie ein „linguistic turn" und ein „iconic turn" nicht in einem Konkurrenzverhältnis stehen müssen. Im Gegenteil: Die Theo-Logik von Wort und Bild, von Sagen und Zeigen ist nicht divergent, sondern konvergent und kompatibel.[20] Was gezeigt wird, ist inhaltlich nichts anderes als was zugesagt wird. Zwar hilft zum Verstehen des cusanischen „Allesseher"-Bildes das deutende Wort bzw. die das Betrachten anleitenden Regieanweisungen. Aber die Deutungshoheit der Sprache muss sich am optisch Wahrnehmbaren legitimieren. Wenn man nicht sehen kann, was gesagt wird, wird das Gesagte zur bloßen Behauptung, die kognitiv nicht einleuchtet.

Im Vollzug des „iconic turn" ist es angesichts des Entsprechungsverhältnisses von Sagen und Zeigen außerdem möglich, die Kernthemen einer logoszentrierten „Wort Gottes"-Theologie bildtheoretisch neu zu formatie-

---

[19] Vgl. *Hans-Joachim Höhn*: Gott – Offenbarung – Heilswege. Fundamentaltheologie, Würzburg 2011.

[20] Beachtet man die materiale Kongruenz von Ansehen und Anerkennung, die der Mensch vor Gott findet, entfallen die Kompatibilitätsprobleme zwischen Zeigen und Sagen, die thematisiert werden von *Philipp Stoellger*: Fundamentaltheologie zwischen Lexis und Deixis, in: *Christoph Böttigheimer/Florian Bruckmann* (Hg.): Glaubensverantwortung im Horizont der „Zeichen der Zeit", Freiburg/Basel/Wien 2012, 329–379.

ren, über die Kategorie der „Bildlichkeit" eine theologische Ästhetik bzw.
ästhetische Theologie zu konzipieren.[21] Und nicht zuletzt werden auch im
Kontext der Ökumenischen Theologie etwa hinsichtlich der Basiskatego-
rien „Gnade" und „Freiheit" konsensfähige Zuordnungen vorgenommen.
Auch hier ließe sich im Rückgriff auf das cusanische Experiment ein „bild-
haftes" Verständnis gewinnen von:

- Gottes Zuwendung zum Menschen, die seitens des Menschen keine
  Vorleistungen fordert oder von nachträglichem Wohlverhalten ab-
  hängig macht: Um sich vor Gott sehen lassen zu können, muss der
  Mensch nicht für seine Ansehnlichkeit sorgen.

- Gottes Anerkennung der Freiheit des Menschen, die ihn zum freien
  Gegenüber und nicht zum Objekt seiner Zuwendung macht: Es ist
  die freie Entscheidung und Tat des Menschen, den Blick auf Gott zu
  richten. Gottes Zuwendung ist ebenso ungebrochen wie diskret; der
  Mensch kann ihm den Rücken kehren, ohne dass Gott ihm den Rücken zukehrt. Gott hat den Menschen im Blick, aber er stellt ihm
  nicht nach.

Was an dieser Stelle nur angedeutet werden kann, müsste natürlich
programmatisch und systematisch ausgeführt werden. Dass dies bisher
noch nicht auf breiter Front geschehen ist, hängt vielleicht mit den Risiken
und Nebenwirkungen zusammen, die ein „iconic turn" impliziert: Ist damit ein Abrücken von Wort, Schrift und Sprache als Leitmedien des christlichen Glaubens verbunden? Soll das Sehen an die Stelle des Hörens treten? Laufen in der Theologie die Methoden der „visual studies" den
etablierten Verfahren der Textexegese, Hermeneutik und Sprachanalyse
den Rang ab? Wie steht es um den Anteil der kritischen Vernunft bei der
Prüfung vorwiegend ästhetisch formatierter Geltungsansprüche? Wie lässt
sich vermeiden, dass all jene Streitigkeiten um die Valenz von Bildern wieder aufbrechen, die man theologiegeschichtlich längst überwunden
glaubte?[22]

Vehemenz und Bandbreite dieser Fragen deuten an, dass vor allem das
Verhältnis von Bild und Wort, von Zeigen und Sagen noch präzisiert werden muss. Vielleicht kann hierfür nochmals das cusanische Experiment
eine wichtige Anregung liefern. Es hat prototypischen Charakter für Ansatz
und Durchführung eines „iconic turn" in der zeitgenössischen Theologie,

---

[21] Vgl. exemplarisch den Ansatz von *Alex Stock:* Zur Idee einer poetischen Dogmatik, in:
      Edmund Arens (Hg.): Gegenwart. Ästhetik trifft Theologie, Freiburg/Basel/Wien 2012,
      21–45 (Lit.).
[22] Siehe dazu ausführlich *Reinhard Hoeps* (Hg.): Handbuch der Bildtheologie. Bd. 1, Pader-
      born 2007.

weil man von ihm her aufweisen kann: Ein solcher „turn" wird nur dann dem „Wort Gottes" gerecht, wenn er die Logizität des Sagens und die Ikonizität des Zeigens als zwar formal verschiedene, aber materialiter kongruente Weisen der Vergegenwärtigung von Gottes Zuwendung zum Menschen aufweisen kann. Dies ist nur möglich im Blick auf spezifische Sprechakte und ihnen entsprechende Vorgänge des Zeigens. In beiden Fällen kommt es auf die Koinzidenz von Vollzug und Gehalt an. Es muss sich um Worte und Bilder handeln, die, indem das Wort ergeht und das Bild gezeigt wird, jene Wirklichkeit vergegenwärtigen, auf die sich Wort und Bild beziehen. Nicht jedes fromme Wort und nicht jedes religiöse Bild kommen hierfür in Frage.

3. Vom Wort (Gottes) im Bild – oder: Partituren des Glaubens

Nikolaus von Kues verwendet ein Bild, das zugleich eine Partitur darstellt, d. h. inszenatorische und performative Aspekte aufweist.[23] Das Bild des „Allessehers" will, dass man von ihm Gebrauch macht. Wer es aufhängt, versteht es als Anleitung zu einer Performance, in der sich ereignet, was das Bild in Wahrheit und in Wirklichkeit zeigen will. Es bezeichnet nicht einen Sachverhalt, der unabhängig vom Akt des Zeigens und Sehens besteht. Vielmehr wird dieser Sachverhalt – Gottes Sehen und das Ansehen des Menschen – im Vollzug des Zeigens und Sehens realisiert. Wenn das „Wort" von Gottes Zuwendung zum Menschen übersetzt werden kann in das „Bild" vom Menschen, der sich von und vor Gott sehen lassen kann, besteht kein Grund mehr, performative Sprechakte und die Ikonologie des Performativen für unvereinbar zu halten.[24]

Vor diesem Hintergrund ergeben sich aber auch neue Anforderungen für das theologische Unternehmen, die Frage nach der Authentizität, Wahr-

---

[23] Die Gegenwartstheologie hat bisweilen Mühe, an die geniale cusanische Verknüpfung von Anschaulichkeit und Nachdenklichkeit anzuknüpfen und beim Nachweis bildtheoretischer Gelehrtheit auch theologischen Tiefgang zu demonstrieren. Vgl. *Reinhard Hoeps:* Die Frage nach dem Bild, in: *Edmund Arens* (Hg.): Gegenwart, 75–100; *Philipp Stoellger/Thomas Klie* (Hg.): Präsenz im Entzug. Ambivalenzen des Bildes, Tübingen 2011.

[24] Zu dieser fälligen Revision siehe *Jérôme Cottin:* Das Wort Gottes im Bild. Eine Herausforderung für die protestantische Theologie, Göttingen 2001. Zum Ganzen siehe auch *Klaus W. Hempfer/Jörg Volbers* (Hg.): Theorien des Performativen, Sprache – Wissen – Praxis, Bielefeld 2011; *Christoph Wulf/Jörg Zirfas* (Hg.): Ikonologie des Performativen, München 2005.

heit und Plausibilität des christlichen Glaubens anzugehen.[25] Das cusanische Experiment macht darauf aufmerksam, dass die Frage, ob ein Bild „echt" ist, nicht als Erkundigung nach seinem Maler verstanden oder auf die Unterscheidung zwischen Original und Fälschung bezogen werden muss. Seine Authentizität bemisst sich danach, ob es die Koinzidenz von Vollzug und Gehalt des „Ansehens" wahrt. Die Wahrheit des bildhaft Dargebotenen kann hier nicht derart ermittelt werden, dass man nach einer bildexternen Realität sucht, die das Bild realitätsgetreu wiedergibt. Mittels des „Allessehers" wird ja etwas gezeigt, das außerhalb oder jenseits des Bildes nicht verifizierbar ist. Auch hier greift die Logik der Partitur: Im „Notenbild" steckt die Aufforderung, seine Bedeutung in der Weise der Aufführung der Notenzeichen zu entdecken, d. h. in einer Handlung zu realisieren.

Diesem Test sind auch die übrigen Bildzeugnisse des christlichen Glaubens zu unterziehen, wenn man herausfinden will, ob etwas in ihnen steckt oder ob sie bloß etwas vortäuschen. Dies führt aber keineswegs dazu, dass die Inszenierbarkeit von Glaubenszeugnissen zum entscheidenden oder alleinigen Kriterium einer Verantwortung des Glaubens wird. Der kritischen Vernunft bleibt keinesfalls nur die Rolle des Rezensenten solcher Inszenierungen übrig. Was es mit dem Glauben auf sich hat, lässt sich im Zusammenspiel von Ästhetik und kritischer Vernunft noch auf andere Weise ermitteln und anders illustrieren: Das Symbolsystem des christlichen Glaubens kann verglichen werden mit einem Fenster, das aus vielen bunten Scheiben zusammengesetzt ist, die ein Bildmotiv erkennen lassen. Der Zweck eines solchen Fensters unterscheidet sich von allen übrigen Fenstern dadurch, nicht einen Blick von innen nach außen gehen zu lassen, um etwas zu erkennen, das sich außerhalb des Raumes befindet – oder umgekehrt nach Art eines Schaufensters den Blick von außen auf Objekte innerhalb eines Raumes zu ermöglichen. Ein Buntglasfenster hat zwar auch die Funktion, Licht in einen Raum zu lassen. Aber es will diesen Raum nicht primär hell und licht machen. Und es ist auch nicht dazu da, dass man durch es ins Freie sehen kann. Vielmehr will es durch den Lichteinfall sichtbar machen, was es selbst zeigen kann bzw. was „in ihm steckt". Das einfallende Licht soll gebrochen werden, damit betrachtet werden kann, was es in und mit dem Fenster zu sehen gibt.

Würde die kritische Vernunft ihr Interesse an Aufklärung so verstehen, dass sie nur Fenster akzeptiert, die einen klaren Durchblick ermöglichen und ungetrübt den Blick freigeben auf Dinge, die sich dahinter befinden,

---

[25] Vgl. hierzu ausführlich *Hans-Joachim Höhn:* Praxis des Evangeliums – Partituren des Glaubens. Wege theologischer Erkenntnis, Würzburg 2015.

müsste sie ein Buntglasfenster so bearbeiten, dass sie alles an ihm tilgt, was den klaren Blick mindert oder verhindert. Jede farbige Scheibe müsste ersetzt werden durch Klarglas. Nur so kann gesichert werden, dass das Fenster seine vermeintlich eigentliche Funktion optimal erfüllt: wahrnehmbar zu machen, was jenseits des Fensters ist. Um solche klaren Aus- und Einblicke zu ermöglichen, müsste die Vernunft das Buntglasfenster letztlich beseitigen und durch funktionale Äquivalente ersetzen. Dann aber wird genau das zerstört, was das bunte Fenster eigentlich zeigen wollte. Das einzige, das in einem solchen Fenster bei entsprechendem Lichteinfall konturenscharf zu sehen ist, steckt aber im Fensterbild und nicht dahinter.

Trifft dieser Vergleich zu, dann muss die Theologie daran interessiert sein, dass möglichst viel Licht möglichst intensiv auf den Glauben fällt, damit erkennbar wird, was er aufzeigen will. Am besten ist es, wenn man dafür das Licht der Vernunft einsetzt. Die kritische Vernunft kommt dann mit ihrer aufklärerischen Absicht ebenfalls zu ihrem Recht und an ihr Ziel. Entweder wird im Licht der Vernunft klar, dass der Glaube nichts Ansehnliches vorzuweisen hat. Oder der Vernunft geht auf, dass der Glaube etwas sichtbar macht, das es wert ist, genauer in Augenschein genommen zu werden.

Medieneinsatz in Gottesdiensten und zur Mission

Karsten Kopjar[1]

Medien im Gottesdienst

„Soll man Medien im Gottesdienst einsetzen oder lieber alles so machen, wie immer?", werde ich manchmal gefragt. Darüber muss ich ein wenig schmunzeln. Ist doch der klassische Gottesdienst ein Paradebeispiel für eine multimediale Inszenierung in interaktiven Szenen mit crossmedialem Gesamtklang. Denn alles, was bei der Kommunikation die Verbindung von einem Sender zu einem Empfänger herstellt, wirkt als Medium.[2] Ein Medium transportiert Informationen, kanalisiert, leitet und macht zugänglich. Ein Medium kann bewusst genutzt werden, wenn wir eine Orgel in die Kirche einbauen, um mit dem mächtigen Klang einen großen Raum zu erfüllen und so Gottes mächtige Gegenwart widerzuspiegeln. Ebenso können nach Osten ausgerichtete bunte Glasfenster im Zusammenspiel mit der aufgehenden Sonne ein optisches Medium sein, um das Licht Gottes in unserem Leben erfahrbar zu machen. Kirchen sind also mediale Orte. Und auch die Liturgie ist ein medialer Prozess: Sprache transportiert Informationen vom Liturgen zur Gemeinde und zurück. Außerdem vom Liturgen zu Gott und von der Gemeinde zu Gott. Lieder kommunizieren auf rationaler und emotionaler Ebene unseren Glauben, stärken den Einzelnen und preisen Gottes Größe. Horizontale Kommunikation – unter den Gläubigen – und vertikale Kommunikation – mit Gott – geschieht im Wechsel und oft

---

[1]   Dr. Karsten Kopjar ist seit 2012 freiberuflicher Medientheologe und Eventgestalter. Er ist u. a. Dozent, Autor und Berater für Social Media und Gemeindearbeit.
[2]   Vgl. *Knut Hickethier:* Einführung in die Medienwissenschaft, Stuttgart & Weimar 2003,19.

auch gleichzeitig. Und spätestens beim Friedensgruß und Abendmahl wird die Gemeinschaft auch haptisch erfahrbar. In katholischen Gottesdiensten kommt zum Sehen, Hören, Sprechen, Singen, Fühlen und Schmecken noch der atmosphärische Weihrauchgeruch hinzu, sodass alle Sinne angesprochen sind. Das ist mehr als moderne Multiplex-Kinosäle mit aktueller Technik schaffen.[3] Als Hilfsmedien fungieren dazu Liederbücher und Bibeltexte, um schriftlich gespeicherte Inhalte zur rechten Zeit abrufen zu können, Kerzen und Lampen, um eine funktionale und inspirierende Lichtstimmung zu setzen und Verstärkeranlagen, um das Gesagte für jeden gut hörbar zu machen.

Medien sind also immer dabei, wenn Christen Gottesdienst feiern.[4] Seit der alten Kirche wurden dabei jeweils aktuelle Möglichkeiten genutzt. Paulinische Briefsammlungen, Bibelabschriften, später gedruckte Texte und eine Architektur, die den Schall optimal transportiert. Technisch waren die Gotteshäuser meist nach dem aktuellen Top-Standard ausgerüstet, wurden in späteren Zeiten aber immer wieder erweitert. Bankreihen, Fußbodenheizung, elektrische Beleuchtung und dezente Audioverstärker gehören heute selbstverständlich dazu, um alte Kirchenräume für heutige Menschen nutzbar zu machen. Eine (Kaffee)küche, behindertengerechte Toiletten, Büro- und Kinderräume sind zumindest meist gefordert.[5]

Situation der Freikirchen in Deutschland

Die ersten Freikirchen wurden in Deutschland Mitte des 19. Jahrhunderts gegründet und zahlreiche Ortsgemeinden trafen sich anfangs in Privathäusern statt großer Kathedralen. So war der Medieneinsatz meist auf das vorhandene begrenzt. Bibel, Liederbücher, Gitarre, Rede und Gesang. Aus dem schriftorientierten Reformgedanken heraus war der Stil schlicht. Heiligenverehrung und pompöse Gemälde waren genauso wenig üblich wie kostbar ausgestaltete Altarbilder. Statt eines zentralen Altars wurde oft ein funktionaler Abendmahlstisch genutzt und statt einer Kanzel ein einfaches Rednerpult.[6]

---

[3] Vgl. *Dietrich Stollberg:* Liturgische Praxis, Göttingen 1993.

[4] *Wilhelm Gräb* schreibt in diesem Sinne sogar: „Alles Wissen von Gott ist durch Medien vermittelt". *Wilhelm Gräb/Birgit Weyel:* Handbuch Praktische Theologie, Gütersloh 2007, 149.

[5] Als Beispiel siehe: www.kirchbautag.de/wos-brennt/architektur-flash/lambertikirche-oldenburg.html (aufgerufen 15.08.2014).

[6] Mehr zu theologischen Unterschieden und historischer Entwicklung von Freikirchen vgl.: *Erich Geldbach:* Freikirchen – Erbe, Gestalt und Wirkung, Göttingen ²2005.

So kommt es, dass freikirchliche Gemeinden in Deutschland immer noch eher funktional als repräsentativ gestaltet sind. Von ausgebauten Wohnzimmergemeinden über schlichte Kapellen bis hin zu Lagerhausgemeinden ist der kirchenbauliche Wert der Gotteshäuser oft eher bescheiden. Dabei bleibt anzumerken, dass Freikirchen sehr unterschiedlich aussehen können. Zwischen russisch-orthodoxen, evangelikalen und pfingstlerischen Traditionen gibt es ein weites Spektrum an Architektur und Ästhetik. Dafür wird in vielen Freikirchen auf gute mediale Kommunikation ein besonderer Wert gelegt.[7] Die Audiotechnik ist oft an den modernen Lobpreis mit vollständiger Band-Besetzung auf der Bühne angepasst. Lichtanlagen setzen Akzente und eine Videoprojektion ersetzt nicht selten die Liederbücher.[8] Das Raumkonzept ähnelt dadurch eher einer Theater- oder Kleinkunstbühne als einem klassischen Sakralbau. Und auch das Format der Gottesdienste besteht oft eher aus der Abfolge einzelner freier Elemente als aus einer konstanten Liturgie. Zwar entdeckt man auf den zweiten Blick in jeder Ortsgemeinde eine gewisse Grundabfolge, die meist aber nicht festgeschrieben ist, sondern sich lediglich so intensiv eingespielt hat, dass es auffallen würde, etwas daran zu ändern. Das kann in manchen Freikirchen die ausgiebige Lobpreiszeit sein, andernorts die Grüße von Gästen und die Gebetsgemeinschaft nach der Predigt. Es kann ein festes Begrüßungsritual sein oder ein immer gleicher Ablauf, wie die Kinder – nach einem gemeinsamen Start – in ihr Kinderprogramm verabschiedet werden. Begrüßung am Anfang und Segen am Ende sind meist feststehende Elemente, intensive Informationen aus dem Gemeindeleben kommen oft eher am Anfang und eine Predigt von gut 20 Minuten an zentraler Stelle.

---

[7] In den großen Freikirchen der USA werden oft die teuersten und aufwändigsten Audio-Beschallungsanlagen überhaupt installiert und die Licht- und Kameratechnik ist nicht selten auf dem Niveau kleiner Fernsehstudios angesiedelt. Beispiele: www.allprosound.com/commercial/projects (aufgerufen am 15.08.2014).

[8] Die Architektur richtete in vielen Kirchen und Gemeindehäusern das Kreuz/Altarbild als zentralen Blickpunkt aus, damit alle Leute es sehen können. Die seit den 90er Jahren erschwinglichen Videoprojektoren wurden oft so installiert, dass alle das Bild sehen können. Somit konkurrierten also nicht selten Projektionsfläche und Kreuz als Blickfang. Teilweise traten sie sogar durch eine ausfahrbare Leinwand vor dem Kreuz in direkte Konkurrenz. So lässt sich die Abneigung mancher Zeitgenossen gegen dieses Bildmedium erklären. Eigentlich liegt das aber an einer ungünstigen Umsetzung. Als Gegenreaktion wurden bei Neubauten teilweise sakrale Elemente zu Gunsten einer reinen Bühnenoptik völlig weggelassen. Neue Gemeinden sollten Projektionsflächen ästhetisch und theologisch begründet einplanen und eine ganzheitliche mediale Gottesdiensterfahrung ermöglichen, bei der immer noch Gott im Zentrum steht und der Kirchbau inklusive der medialen Ausgestaltung auf dieses Zentrum hinführt.

Neben vor Ort vorgetragenen Beiträgen werden Musik- oder Videoeinspieler genutzt, um geistliche Aussagen zu unterstreichen oder zu vermitteln. So können weltweit bekannte Lobpreislieder oder professionell erstellte Impulsclips auch in kleinen Gemeinden dazu beitragen, Gott näher zu kommen.[9] Denn die göttliche Offenbarung als (virtuelles – also nichtkörperliches) Medienereignis ist das Ziel der multimedialen Gottesdienstfeier. Auch wenn kleine Theaterszenen, Bild-Präsentationen oder Ausdruckstanz geistliche Botschaften darstellen, geht es darum, Gott besser zu verstehen und ihm zu begegnen. Es ist also eine Mischform aus biblischer Lehre und Feier des unverfügbar Göttlichen. Menschen planen ein Event und erwarten, dass Gott sich – durch dieses und trotz der Planung – offenbart. Ob und wie stark das passiert, bleibt der individuellen Wahrnehmung jedes Einzelnen überlassen. Denn während man gemeinsame Lieder singt, in der Predigt oder in der Stille auf Gott hört, können unterschiedliche Menschen unterschiedlich angesprochen werden. Und spätestens beim Treffen vor, während und nach dem Gottesdienst mit Kaffee & Snacks wird auch die zwischenmenschliche Kommunikation gefördert, weil neben der Gemeinschaft mit Gott auch die Begegnung mit anderen Menschen dazu beiträgt, sich angenommen und geborgen zu fühlen.

Im Wochenplan von Freikirchen findet sich oft ein reges Programmangebot, um die Gemeinschaft nicht nur am Sonntag zu leben, sondern auch unter der Woche in Kontakt zu bleiben und geistlich zu wachsen. Das umfasst Gebetskreise, Bibelstudien und persönliche Kleingruppen. Ebenso aber auch Kinder-, Jugend- und Seniorenprogramm, Sport- und Musikgruppen, Proben für Tanz- und Theaterteams (oft primär für die Gottesdienste) sowie Mitgliederversammlungen.[10] Nun kann man Abgrenzung und Isolation von der Welt als Negativfolge einer so starken Binnenaktivität diskutieren,[11] aber interne Kommunikation funktioniert in solchen Gemeinden meist automatisch sehr gut. Ist ein Mitglied krank, fällt das auf, fehlt je-

---

[9] Die Hochachtung bestimmter populärer Lobpreisleiter oder Redner grenzt dabei mitunter teilweise an die Heiligenverehrung der katholischen Kirche, was aber niemand so betiteln würde. Gleichzeitig sind bei konzertartigen Gottesdiensten und größtenteils noch lebenden Autoren Urheberrechtsdebatten im ganz anderen Rahmen als bei den Volkskirchen mit primär traditionellem Liedgut zu führen. Als Dienstleister fungiert in dem Bereich die Christian Copyright Licensing Deutschland GmbH. Siehe: http://ccli.de (aufgerufen am 15.08.2014).

[10] Viele Freikirchen sind rechtlich als eingetragener Verein organisiert und leben daher von einer stark basisdemokratischen Organisation.

[11] Vgl. *Ernst Lange:* Kirche für die Welt, München 1981, 76 ff.

mand, wird nachgefragt. Im Optimalfall ohne Druck und Zwang, sondern
aus echtem Interesse füreinander. Bei den Treffen geht es immer auch um
persönliche Befindlichkeiten, Mitglieder bekommen Rat und Reflexion ihrer Gedanken und oft auch konkrete Unterstützung bei anstehender Arbeit
oder materieller Not. Sei es beim Umzug, durch Kleidungstausch für Klein-
kinder oder Hilfe bei der Gartengestaltung. Kommunikation wird so ganz
praktisch spürbar und der Mensch das Medium der Liebe Gottes.[12]

Online-Medien für Gemeinden

In einer Zeit, in der Menschen immer stärker online vernetzt leben
und kommunizieren, liegt es auf der Hand, dass auch geistliche Kommunikation mit Hilfe von Onlinemedien stattfindet. Das Textgespräch kann zum
rein persönlichen Austausch der Gemeindemitglieder dienen, um zwischen den Treffen weiterhin im Gespräch zu bleiben. Ebenso kann es den
Kontakt zu ehemaligen Mitgliedern oder Freunden an anderen Orten halten. Nötige Verwaltungsaufgaben wie Terminabsprachen oder Protokollver-
sand können digital oft einfacher erledigt werden als auf klassisch-analo-
gem Weg. Und digitale Kommunikation kann auch als zeitliche und
räumliche Erweiterung des Gottesdienstes gesehen werden. Bereits in der
inhaltlichen Vorbereitung können Laien einbezogen werden, die lebens-
nahe Beispiele oder kreative Zugangswege zu biblischen Texten beitragen.[13] Im offenen Dialog kann ein Thema näher an den Menschen vorbereitet werden und die Gemeinde findet sich in der Predigt wieder. Auch
bei der Durchführung eines Gottesdienstes können Beteiligung und Teilhabe durch digitale Möglichkeiten erweitert werden. Für kleine Gruppen
ist sicherlich ein persönlicher Austausch logistisch einfacher zu handha-
ben, aber bei großen Gruppen von mehreren hundert oder tausend Personen kann die Frage, „Wer hat das schon mal erlebt?" per Online-Voting
leichter beantwortet werden als per Handzeichen, und persönliche Für-
bitte-Anliegen oder ermutigende Geschichten können online gesammelt
(redaktionell gefiltert) und für alle zur Verfügung gestellt werden.[14] So kom-

---

12 *Shane Hipps:* Flickering Pixels. How Technology Shapes Your Faith, Grand Rapids 2009,
175.

13 Vgl. *Alexander Ebel:* Praxis-Idee. Per Etherpad gemeinsam Predigten erarbeiten:
http://netzkirche.wordpress.com/2013/04/04/praxis-idee-per-etherpad-gemeinsam-
predigten-erarbeiten (aufgerufen am 15.08.2014).

14 Ein Netzwerk, was genau das sogar über Gemeindegrenzen hinweg anbietet, ist
www.amen.de (aufgerufen am 15.08.2014).

men einzelne auch bei großen Gemeinschaften persönlich zu Wort und die Gruppe ist stärker am „Bühnenprogramm" beteiligt. Ebenso kann auch im Nachklang des Gottesdienstes Social-Media-Kommunikation genutzt werden, um Gedanken zu bündeln und zu vertiefen. Die meisten Gottesdienste wollen ja neben der konkreten Gottesbegegnung auch Gedanken anstoßen, die die Gemeindemitglieder zum Nachdenken über den Gottesdienst hinaus anregen. Wer die Kernfrage der Predigt kurz nach dem Gottesdienst nochmal im Gemeinde-Blog[15] stellt – und das auch vor Ort kommuniziert, wird mitunter einige Rückmeldungen bekommen. Welcher Onlinekanal dabei für die jeweilige Gemeinde der richtige ist, kann unterschiedlich sein. Manche Menschen sind mit E-mails gut zu erreichen, andere Gruppen nutzen Facebook, Twitter, Xing, YouTube, Tumblr, Pinterest, Instagram, Flickr, Wikis, Dropbox, Skype, Soundcloud, WhatsApp, ... und die Liste lässt sich beliebig verlängern. Die Namen spielen dabei eine untergeordnete Rolle. Aber wenn ein Kanal zu einer Zielgruppe passt, kann man dort mit Menschen schnell und einfach kommunizieren. Egal ob man reine Texte, Fotos, Dateien, Audios oder Videos weitergibt, man kann Herzensanliegen austauschen. Das, was einen Menschen bewegt, kommt von Mensch zu Mensch über eine komplexe Kette von Computerprogrammen. Aber es kommt – wenn alles korrekt eingerichtet ist – an. Und wenn Ansichten ausgetauscht werden, Menschen ehrlich ihre Meinung äußern dürfen und gleichzeitig wohlwollende Korrekturen und hilfreiche Tipps erfahren, findet positive Meinungsbildung, Identifikation und Gruppen-Identität statt.[16]

Geistliche Meinungsbildung

Wenn Gottesdienst und Gemeindeleben von guten Kommunikationsstrukturen durchzogen sind, können Menschen durch geeignete Medien miteinander ins Gespräch kommen. Menschen stehen mit Gott in Kontakt – durch Gebet und Bibellese. Gemeindeglieder stehen untereinander in Kontakt – durch physische Treffen und virtuelle Kommunikation. Und

---

[15]   Eine einfache Internetseite mit Blog-Funktion kann kostenlos mit Wordpress (oder ähnlichen Content Management Systemen) eingerichtet werden. So muss der Pastor kein Programmierer sein, sondern kann ganz einfach Inhalte einstellen, zu denen andere Nutzer Kommentare abgeben können.

[16]   Natürlich müssen Aufwand und Nutzen in vernünftiger Relation stehen. Nicht jedes Medium ist für jede Gemeinde nötig. Aber wenn ein Großteil der Gemeinde ohnehin online kommuniziert, wäre es töricht, das prinzipiell zu vernachlässigen. So als hätte jemand zu Luthers Zeiten den Buchdruck ignoriert, weil die ersten Drucke noch recht aufwändig

die Menschen, die sich in Gemeinden treffen, leben weiterhin in einer Welt, in der sie ihren Glauben weitersagen können. In der Bibel fordert Jesus seine Nachfolger auf, die gute Nachricht zu verbreiten und anderen Menschen weiterzugeben, was sie erlebt und erfahren haben. Daher ist es besonders wichtig, in medialen Zusammenhängen nicht nur vorgefertigte Meinungen zu wiederholen, sondern eigene Gedanken zuzulassen, zu diskutieren und so einen reifen Glauben zu entwickeln. Hier besteht eine große Gefahr von unreflektiertem Medienumgang. Denn gerade in den angesagten Netzwerken, bekommt man positive Bestätigung oft für besonders witzige, besonders provokante oder besonders plakative Sprüche. Sachliche Argumente und ausgewogene Sichtweisen machen mehr Arbeit und erzeugen mitunter weniger positive Kommentare. Das verleitet in unmoderierten Kontexten leicht dazu, wohlklingende Mainstream-Meinungen zu posten statt selber nachzudenken. Kirchen müssen sich ganz bestimmt nicht als Spaßbremse betätigen und alle unterhaltsame Kommunikation durch ernsthafte und rationale Argumentation ersetzen. Aber durch Lob für fundierte Meinungen und positive Trends kann man den Zeitgeist und die Gesprächsthemen der Massen mit bestimmen.[17] Daher ist es auch für Pastoren und Kirchenvertreter ratsam, eine Mischung aus Humor, Kuriosem und Tiefgängigem zu posten. Authentisch sein und die eigene Meinung ehrlich präsentieren sind zwei Kernkompetenzen. Kritik sollte man ernst nehmen, sich aber nicht zu persönlich angegriffen fühlen, wenn mal jemand etwas anders sieht. Man kann das Gegenüber als Mensch stehen lassen, auch wenn man auf der Sachebene anderer Meinung ist.

Ernst Langes partizipatorisches Gottesdienstmodell

Bereits über 50 Jahre vor dem Durchbruch des Web 2.0 hat der Berliner Pfarrer Ernst Lange in seinem Experiment „Ladenkirche" Erfahrungen mit partizipatorischen Gottesdiensten gesammelt. Ohne das Internet zu kennen hat er Gemeindebaustrategien entwickelt, die heutige Möglichkeiten im interaktiven Internet vorweggreifen. Ernst Lange sagt, eine geistlich sprachfähige Gemeinde sei auch im Alltag eine predigende Gemeinde.

---

waren und es ja auch von Mund zu Mund immer gut geklappt hat. Virtuelle Welten können durchaus neue Heimatgefühle wecken. Vgl. *Karsten Kopjar:* Virtuelle Heimat – zu Hause im Web 2.0, in: *Tobias Faix/Thomas Weißenborn/Peter Aschoff:* Zeitgeist 2. Postmoderne Heimatkunde, Marburg 2009.

[17] Vgl. *Karsten Kopjar:* Kommunikation des Evangeliums für die Web-2.0-Generation. Virtuelle Realität als Reale Virtualität, Berlin 2013, 177 f.

Wenn Menschen gelernt haben, ihren Glauben in Worte zu fassen, können sie in ihrem Arbeits- und Lebensumfeld Zeugnis sein. Mission ist dann kein Zwang, kein Druck, keine Methode, sondern wird zu einem Lebensstil. Wer von einem Hobby oder einem Buch begeistert ist, der will davon weitersagen. Und wer von seinem Glauben begeistert ist, der kann nicht unmissionarisch leben. Lebenswelt und Arbeitswelt werden Missionsfeld.[18] Und die Mission ist dabei geprägt von geistlich reifen Begegnungen auf Augenhöhe. Sicherlich ist jede zwischenmenschliche Begegnung auch von vielen persönlichen Aspekten und Charaktereigenschaften geprägt. Nicht alles läuft immer perfekt. Aber gute und weise Kommunikation kann helfen, Fehler schneller auszubügeln, Stärken hervorzuheben und als Team zu arbeiten, um einzelne ihren Fähigkeiten gemäß einzubinden.

Medien-Mission

Mit Blick auf internationale Mediennutzung gerade von konservativ-evangelikalen Gruppen, fällt auf, dass eine so reflektierte Nutzung nicht immer anzutreffen ist.[19] Medien – vor allem Radio und TV – haben die Macht, Menschen gleichzuschalten, weil ein Sender viele Empfänger mit der gleichen Botschaft erreicht. Das ist für narzistische Persönlichkeiten, die ihre Erkenntnisse einer großen Gruppe präsentieren wollen, eine optimale Plattform. Deshalb ist der amerikanische Tele-Evangelismus auch so erfolgreich. Mit guten Rednern und perfekt ausgearbeitetem Marketing können Menschen dazu gebracht werden, nach einer 30-minütigen Fernsehsendung Geld zu spenden, weil sie eine positive mentale Erfahrung gemacht haben. Und wer millionenfach Menschen erreicht und motiviert, gerät leicht in die Gefahr, das erfolgreiche Konzept am Laufen zu halten statt in einzelne Menschen zu investieren. So kann die herausragende Inszenierung auch zum Fallstrick für ausgewogenen Inhalt werden – ohne dass ich diese Intention allen Medienproduzenten unterstellen möchte. Viele Menschen sind durch regelmäßige Sendungen mit positiven Ermutigungsbotschaften angesprochen und bekommen neuen Mut für schwierige Lebenssituationen. Aber das ist nur eine Seite. Eine persönliche Gemeindearbeit muss darüber hinaus auch mit Kleingruppen oder Einzelgesprächen die Zuschauer ansprechen. Fundierte Social-Media-Aktivitäten könnten da einen

---

[18] Vgl. *a. a. O.:* „Kirche für die Welt", 66 ff und 146 ff.
[19] *Olaf Koch:* Televangelismus, in: Lexikon der Filmbegriffe, Siehe: http://filmlexikon.uni-kiel.de/index.php?action=lexikon&tag=det&id=7817 (aufgerufen am 15.08.2014).

Gegenpol bilden, indem sie Meinungen nicht nur proklamieren, sondern hinterfragen lassen und so echtes Verstehen ermöglichen. Aber das ist der arbeitsintensive Teil, der allzu leicht vergessen wird.

Soziale Medien können dabei sowohl im Rahmen des Gottesdienstes wie auch im Gemeindeleben oder im persönlichen Umfeld dazu dienen, im positiven Sinne missionarisch aktiv zu sein. Es kann Teil der Strategie sein, mit guten TV-Produktionen oder erfolgreichen YouTube-Videos mehrere Millionen Menschen auf einmal zu erreichen. Das Soziale an Social Media ist aber gerade der persönliche Kontakt von Person zu Person. Da hören große Zahlen auf und die tägliche Arbeit fängt an. Und da erweist sich, ob der eigene Glaube wirklich fundiert ist oder bei ersten Rückfragen wie ein Kartenhaus zusammenbricht. Viele Freikirchler fallen online mit übereifrigen Aktionen auf. Sie posten täglich Bibelverse und geistliche Videoclips, antworten auf jede Frage mit frommen Floskeln oder bieten statt tatkräftiger Hilfe nur Gebet an. Gut gemeint kommt diese Form der einseitigen Vergeistlichung nicht immer gut an. Im Dialog gilt es, solche Menschen ebenso ernst zu nehmen wie Vertreter der pragmatischen Einstellung: „Gott wird's schon richten und ich kann mich in Ruhe zurücklehnen." Natürlich proklamieren Christen einen Gott, der allmächtig ist und uns nicht braucht. Aber ebenso finden wir Hinweise in der Bibel, dass er durch Menschen wirken möchte, die dazu beitragen können, dass Gottes Reich auf Erden gebaut wird. Wir erfahren Gottes Gnade und geben sie weiter. Dadurch wird jeder Gottesdienst ein Stück weit missionarisch sein, ohne dabei andere Aspekte auszublenden. Und jede Online-Kommunikation wird missionarische Punkte beinhalten, ohne das als einziges Ziel zu verfolgen. Und so wie Menschen unterschiedlich sind, können auch die genutzten Kanäle und die Stile der Onlinenutzung sich unterscheiden.[20]

Ganzheitliche Medien-Kommunikation

Wenn digitale Medien die persönliche Begegnung im Internet ermöglichen, bleibt die Frage, wie weit sich Kirchen auf dieses Feld einlassen sollen. Es scheint zuerst ein Spagat zu sein, gleichzeitig konventionelle Gemeindegottesdienste anzubieten und mit aktuellen Methoden Außenstehende zu gewinnen. Und tatsächlich: Was wir im Onlineaustausch versprechen, muss unsere Ortsgemeinde auch halten. Wer mit perfekten Men-

---

[20] Vgl. *Karsten Kopjar:* Kirche 2.0 – zwischen physischer, virtueller und geistlicher Gemeinschaft, in: *Christina Costanza/Christina Ernst:* Personen im Web 2.0, Göttingen 2012, 150 ff.

schen und fehlerlosen Systemen hausieren geht, wird spätestens beim ersten Besuch enttäuschte Gäste haben. Wer aber ehrlich über Gelingen und Scheitern reden kann und transparent Stärken und Schwächen aufzeigt, der kann erfahren, dass die meisten Menschen gar keine perfekte TV-Show-Idylle suchen. Eine perfekte Gemeinde gibt es ohnehin nicht, aber eine Gemeinde, die ehrlich mit ihrer Unperfektheit umgeht, wirkt auf Außenstehende – und auf Mitglieder – einladend, weil sie ihre Masken ablegen können und nicht perfekt erscheinen müssen. Das zu erkennen und zu kommunizieren ist eine wertvolle geistliche Kompetenz. Gleichzeitig müssen Gemeinden sich auch nicht verstecken. Denn das hohe Level an Gemeinschaft, Kommunikation und Wertschätzung, was Christen in gesunden Gemeinden erfahren, bietet ein einzigartiges Grundgerüst, um ein gelingendes geistliches Leben zu entfalten.[21]

Wenn Christen und Gemeinden ihre bestehende physische Gemeinschaft konsequent auch online kommunizieren würden, könnten sie Menschen nicht nur in positiv prägende Online-Gemeinschaft führen, sondern mit den so neu gewonnenen Freunden auch in der Kohlenstoff-Welt Gemeinschaft leben. Und sie könnten anhand dieser Realitätsübergange auch den entscheidenden Übergang erklären: Den Übergang von Gott aus seiner Transzendenz in unsere Wirklichkeit hinein. Das kann man als geistliche Realität annehmen und im Glauben darauf antworten. Dafür braucht man keine technischen Hilfsmittel, keine perfekte Show und keine beeindruckenden Stars. Dafür muss man sich aber einlassen auf eine Realität, die außerhalb unserer körperlichen Erfahrungen liegt. Und wer virtuelle Gemeinschaft verstanden hat, kann diese Erfahrung auf geistliche Realität anwenden.

Und auch umgekehrt ist erlebte Spiritualität ein Schlüssel für ein aktives Leben zwischen physischer und virtueller Realität. Die Klammer der geistlichen Realität, die das gesamte Leben in allen medialen Formen umschließt, führt zu einem ganzheitlichen Sein. Und das ermöglicht es, als allumfassende Kommunikationsform ganzheitliche Gemeinschaftserfahrungen zu machen.

---

[21] Viele säkulare TV-Produzenten würden gerne für ihre angedeutete Fernsehgemeinschaft lokale Fanclubs ins Leben rufen, wo sich Mitglieder jede Woche treffen, um zentrale Medien zu konsumieren und die Produktion zu loben. Und das bundesweite Netzwerk von vielen Tausend Ortsgemeinden mit qualifiziertem Fachpersonal, das sowohl evangelische, wie auch katholische und freikirchliche Gemeinden bieten, ermöglicht es nahezu jedem Menschen, in fußläufiger Entfernung vor der eigenen Haustür persönliche Gemeinschaft zu erfahren. Vgl. *Kopjar,* Kommunikation des Evangeliums, a. a.O., 180 f.

Zum Schluss bleibt anzumerken, dass man in puncto Medieneinsatz – ebenso wie bei theologischen Grundlagen und Stilfragen – nicht alle Freikirchen über einen Kamm scheren kann. Sowohl sind bei den positiven Faktoren längst nicht alle Gemeinden gute Vorbilder. Nicht alle nutzen alle Tools und Wege, um Menschen zu erreichen. Und nicht alle Nutzung ist vorbildhaft. Aber es gibt zahlreiche positive Beispiele, wie einzelne Gruppen aktuelle Medien sinnvoll und durchdacht einsetzen. Von diesen können wir lernen, was sich etabliert hat.

Außerdem sind die großen Volkskirchen nicht immer der passive Gegenpool zu den aktiven Freikirchen. Sicherlich wirken sie mit ihrem eher einfach anmutenden liturgischen Stil und ihrer ausgeprägteren Verwaltungsmentalität medial oft etwas träge, aber auch kirchliche Projekte im Social Web erfreuen sich großer Beliebtheit. Und was sich kirchlich durchsetzt, das ist oft nicht nur medial am Zahn der Zeit, sondern auch geistlich und theologisch reflektiert und kann so ein wertvoller Spiegel auch für impulsive Gemeinden sein.

Für die Zukunft der Kirche wird es nötig sein, die traditionellen Kirchengrenzen immer mehr aufzubrechen. Es geht nicht um die Form der verfassten Kirche, sondern um die gemeinsame Basis, und von da ausgehend um eine mediale Offenheit in der Evangeliums-Kommunikation. Wer das Beste aus verschiedenen Lagern zusammenbringt, kann vorurteilsfrei und ganzheitlich Menschen erreichen. Und wer dabei nicht nur selber redet, sondern auch zuhört und sich für sein Gegenüber interessiert, wird in Social-Media-Kontexten automatisch missionarisch sein, ohne es bewusst geplant zu haben. Denn guter Medieneinsatz führt zu einem transparenten Lebensstil, der deutlich macht, was dem Kommunikator wichtig ist. Und „wovon das Herz voll ist, davon spricht der Mund"[22] und tippt die Hand.

---

[22] Vgl. Mt 12,34.

Die Reformierten und die Bilder

Martien E. Brinkman[1]

Reformierte Zurückhaltung

Man kann kaum einen Artikel oder ein Buch über „Die Reformierten und die Bilder" finden, der keinen Hinweis auf das sogenannte *Extra Calvinisticum* enthält. Oft wird die Bedeutung des *Extra Calvinisticum* in dem Axiom zusammengefasst: *finitum non capax infiniti* (das Endliche kann das Unendliche nicht umfassen). So kann man in einer Ausgabe der schweizerischen reformierten Landeskirche Kanton Zürich mit dem Titel *Die Reformierten* über den schweizerischen, im italienischsprachigen Süden geborenen Künstler Alberto Giacometti (1901–1966) die folgenden Sätze lesen: Giacometti stamme aus einem reformierten Tal und besuchte die evangelische Schule. Seine Großmutter erläuterte ihm die Kinderbibel und ein Verwandter entwarf die Fenster im Chor des Zürcher Großmünsters. Er selbst habe sich von der reformierten Kirche entfernt. „Reformiert" könne man ihn deswegen nicht nennen. Höchstens könne man vermuten, dass ein bestimmter Zug seines Schaffens auch aus einer äußersten Zuspitzung reformierter Denkweisen verstehbar sei. Deswegen könnte man fragen: „Könnte es sein, dass sich das theologische ‚finitum non capax infiniti' der Reformierten bei ihm noch einmal verjüngt zu einem ästhetischen ‚finitum non capax finiti'?[2] Und diese Frage wird dann erläutert mit einem Hinweis auf die reformierte Abendmahlslehre. Gemäß reformierter Lehre

---

[1]   *Martien E. Brinkman* ist Professor für ökumenische und interkulturelle Theologie an der Freien Universität in Amsterdam.

[2]   *Matthias Krieg:* Alberto Giacometti. Die Hand (1947), in: *Matthias Krieg/Gabrielle Zangger-Derron* (Hg.): Die Reformierten. Suchbilder einer Identität, Zürich 2002, 379–380.

kann das Endliche, ein Stück Brot, das Unendliche, den Leib Christi, nicht fassen, wohl aber verweisend bezeichnen. Bei Giacometti aber kann der Endliche, nämlich er als Künstler, auch das Endliche, etwa einen Menschen, der ihm Modell sitzt, nicht mehr fassen. Nicht allein Gott, auch der Mensch ist für ihn ein unfassbares Geheimnis.

Vielleicht kann man dasselbe auch von anderen modernen Künstlern mit einem reformierten Hintergrund sagen wie dem holländischen, später in den Vereinigten Staaten arbeitenden Maler Piet Mondriaan (1872–1944) oder der südafrikanischen, in Amsterdam lebenden Malerin Marlene Dumas (*1953). Das Vertikale kommt bei Mondriaan niemals zusammen mit dem Horizontalen vor und bei Dumas bleiben die Lebensgegensätze immer sichtbar, ihre Modelle aber sind nicht mehr identifizierbar. Freilich eine direkte Verbindung zu dem reformierten Umfeld, in dem sie sozialisiert wurde, ist nicht wirklich erkennbar. Doch kehren wir wieder zum oben genannten *Extra Calvinisticum* zurück. So wird zum Beispiel das berühmte Plädoyer des amerikanischen Drehbuchautors und Filmemachers Paul Schrader (*1946) für einen transzendentalen Stil von Filmen oft unmittelbar mit seiner reformierten Jugend in Verbindung gebracht.[3] Er plädiert für eine Art von Filmen, in denen bewusst eine Abwesenheit gezeigt wird, in der Hoffnung, so eine Sensibilität für transzendentale Anwesenheit zu evozieren.[4] Das Endliche inkorporiert dann nicht mehr das Unendliche, aber kann in dem Hinweis auf das, was es selbst entbehrt, auf das Unendliche anspielen.[5]

Was zeigen diese Beispiele? Ist mit dem *Extra Calvinisticum* eine Art von Doketismus verbunden? Ist das *Extra Calvinisticum* der spezifisch reformierte Beitrag zum protestantischen *Ikonoklasmus*? Zunächst wollen wir die ursprüngliche historische Bedeutung des *Extra Calvinisticum* kurz erläutern. In einem zweiten Schritt werden wir dann auf die Stellung einiger gegenwärtiger reformierter Theologen den Bildern gegenüber zu sprechen kommen.

Das Extra Calvinisticum

Historisch gehört das *Extra Calvinisticum* zur reformierten Christologie. Der Heidelberger Katechismus sagt in seiner Antwort auf die 47. Frage über Christi Wohnort nach seiner Himmelfahrt (Ist denn Christus nicht bei

---

3   *Paul Schrader:* Transcendental Style in Film, Berkeley 1972, 29.
4   *Kevin Johnson* (Hg.): Schrader on Schrader, London 1990, 29.
5   In seiner Beschreibung von Schraders tranzendentalem Stil nennt *John Lyden* explizit das Extra Calvinisticum. Vgl. *John C. Lyden:* Film as Religion. Myths, Morals, and Rituals, New York 2003, 26.

uns bis ans Ende der Welt?), dass Christus seiner menschlichen Natur nach nicht mehr auf Erden ist, aber seiner göttlichen Natur nach in seiner Majestät, seiner Gnade und seinem Geist nicht mehr von uns weicht. Und in Antwort auf die 48. Frage (Werden dann die zwei Naturen in Christo nicht voneinander getrennt?) antwortet der Katechismus, dass die Gottheit unbegreiflich und überall gegenwärtig sei und daraus folge, dass sie zwar auch außerhalb ihrer angenommenen Menschheit besteht, aber doch auch in ihr ist und persönlich mit ihr vereinigt bleibt.[6] Paul Jakobs spricht hier von einer „realpräsenten Ubiquität des *Intra-Extra,* oder besser des *in nobis*, die dem Extra dennoch nichtsdestoweniger gegenübersteht".[7]

Zehn Jahre zuvor hatte Karl Barth diese zwei Fragen noch als einen „theologischen Betriebsunfall" wegen „der unglücklichen Unterscheidung zwischen seiner göttlichen und menschlichen Natur" bezeichnet und rhetorisch gefragt: „Gibt es eine Gegenwart Christi ‚nach Gnade und Geist', in der nicht auch seine Menschheit gegenwärtig ist?" Dass die Gottheit außerhalb (extra) der Menschheit Jesu Christi ist, ist – so betont Barth – eine richtige Beschreibung der freien Gnade der Inkarnation. *Post Christum* aber, im Rückblick auf die Inkarnation, könne diese Aussage nur eine Aussage des Unglaubens sein. Glaube man an Jesus Christus, so glaube man an den Einen, den wahren Menschen, der zugleich wahrer Gott ist.[8]

Sagt Barth hier in der Tat, dass das *Extra Calvinisticum* eine Aussage des Unglaubens sei? Nimmt es die Inkarnation nicht ernst? Macht es die Fleischwerdung zum Maskenspiel Gottes? Ist es Ausdruck einer spiritualistischen Kritik der lutherischen Abendmahlslehre? In den letzten Jahrzehnten haben viele Calvinforscher die ‚substantialistischen' Aspekte in Calvins Abendmahlslehre entdeckt. Sie haben uns gezeigt, was Calvin über die *substantia carnis suae et sanguinis sui* im Abendmahl gesagt hat.[9] Aufschlussreich ist auch das Zitat aus dem Jahre 1562, das der Kirchenhistoriker Heiko Oberman aus Calvins Predigten (über 2 Sam 6,2) anführt. Auf die Bedeutung von Taufe und Abendmahl bezugnehmend sagt Calvin dort: „Wir sollten diese Zeichen nicht nur als bloß äußerlich auffassen, als würden sie nur unsere geistigen Sinne nähren. Wir müssen vielmehr wissen,

---

[6]   Siehe für den Text des Heidelberger Katechismus auf deutsch, lateinisch und niederländisch *Jan Nicolaas Bakhuizen van den Brink:* De Nederlandse belijdenisgeschriften in authentieke teksten met inleiding en tekstvergelijkingen, Amsterdam ²1976.

[7]   *Paul Jakobs:* Theologie Reformierter Bekenntnisschriften in Grundzügen, Neukirchen 1959, 93.

[8]   *Karl Barth:* Die christliche Lehre nach dem Heidelberger Katechismus, Zürich 1948, 70 f.

[9]   *Institutio* IV, 17,24 (*OS* V, 375, 36–38) und auch IV, 17,33 (*OS,* V, 392, 18–19) en IV, 17,11 (*OS,* V, 354, 23–24).

dass Gott hier seine Macht mit seiner Wahrheit verbindet: Beides, die res (‚chose') und der effectus (‚effect') sind bei dem Symbol; niemand soll scheiden, was Gott zusammengefügt hat."[10]

Doch ist es klar, dass es in Calvins Theologie eine Spannung zwischen Christi *presentia realis* im Abendmahl und *seiner sessio* zur rechten Hand Gottes im Himmel gibt. Das *sursum corda* (Empor die Herzen!) bleibt Calvins Hauptthema. Für Calvin, der so gerne vom *deus manifestus in carne* (1 Tim 3,16) spricht,[11] ist das ewige Wort Gottes nicht erst seit der Inkarnation Mittler und Versöhner, sondern von den Anfängen der Schöpfung an. Den Manichäer und Marcioniten gegenüber betont er in der Institutio, dass die Inkarnation keine Befleckung des Leibes Christi und keine Begrenzung Gottes an einen gegebenen Ort einschließt.[12] Das *Extra Calvinisticum* dient dazu, den ewigen Sohn mit dem historischen Jesus zu verbinden, den Mittler zur rechten Hand Gottes mit dem sakramentalen Christus, und dies derart, dass das chalcedonensische „Fleisch von unserem Fleisch" sicher gestellt ist. Es will sowohl der Realität der Kenosis als auch der der Himmelfahrt dienen. Deswegen ist das theologische Anliegen des *Extra Calvinisticum* – Oberman zufolge – die *caro vera*, Jesu wirkliche Menschlichkeit. Darauf zielt das existentielle Pathos und darauf gründet sich die Hoffnung unserer leiblichen Auferstehung.[13]

Wörtlich begegnen wir dem Axiom *finitum non capax infiniti* in den Werken Calvins nicht. Der Ausdruck ist der anti-reformierten, lutherischen Polemik entnommen. Wenn die oben genannte Interpretation recht hat und es in dem Extra Calvinisticum letztendlich um die *caro vera* geht und damit verbunden um die Hoffnung auch auf unsere, leibliche Auferstehung, dann können wir das Axiom auch umkehren und mit Oberman sagen, dass die Bedeutung des *Extra Calvinisticum* in dem *Axiom infinitum capax finiti* (das Unendliche kann das Endliche umfassen) liege. Dann ist das *Extra Calvinisticum* keine Bedrohung für die Realität der Inkarnation,

---

[10] *Supplementa Calviniana* (=SC) I: *Sermones de altero libro Regum,*104, 34 f. (Übersetzung H. A. Oberman). Vgl. *Heiko A. Oberman:* Die „Extra"-Dimension in der Theologie Calvins', in: *Ders.:* Die Reformation von Wittenberg nach Genf, Göttingen 1986, 253–282, hier 262–263.

[11] Vgl. *SC* I, 193, 9–12 und auch 155, 9 und 181, 3.

[12] *Institutio*, II, 13, 4 (*OS* III, 458, 1–13): „Wohl ist der Logos wunderbarerweise vom Himmel herabgestiegen – und hat ihn doch nicht verlassen; wohl ... ist er auf Erden gewandelt, hat willentlich am Kreuz gehangen – und hat doch, wie im Anfang, immerfort die ganze Welt erfüllt." Siehe auch *Institutio* IV, 17,30 (*OS*, V, 389, 16–20). Vgl. *Edward David Willis:* Calvin's Catholic Christology. The Function of the so-called Extra-Calvinisticum in Calvin's Theology, Leiden 1966, 26–31.

[13] *Oberman*, a. a. O., 272 und 274.

sondern seine Funktion besteht vielmehr darin, zu betonen, dass der ewige Sohn Gottes wirklich ‚Fleisch von unserem Fleisch' wurde.[14]

Zusammenfassend können wir sagen, das *Extra Calvinisticum* bestreitet, dass der göttliche Logos aufgrund der Inkarnation von der menschlichen Natur Christi wie von einem Gefäß umschlossen sein könnte. Dieser Behauptung setzt es die These entgegen, dass der Logos ungeachtet seiner vollen Einwohnung im Menschen Jesus auch ganz außerhalb der Menschheit Christi bleibe. Wenn es wirklich Gott ist, der sich in Jesus Christus offenbart, und wenn seine Offenbarung eine freie, durch nichts erzwungene Bindung an die Sphäre der Endlichkeit ist, dann kann die Wirklichkeit dieses Gottes in der Menschheit Jesu niemals auf- und untergehen.[15] Damit ist jedoch das Paradox unvermeidbar: *totus intra carnem* und zugleich *totus extra carnem.* Dieses Paradox wird vom Heidelberger Katechismus in der 49. Antwort und von Calvin in seiner Institutio pneumatologisch gelöst. Der zur Rechten Gottes erhöhte Christus setzt sich bei uns gegenwärtig durch seinen Geist, „um den Mangel seiner Abwesenheit auszufüllen".[16] Was räumlich getrennt ist, wird vom Heiligen Geist in Wahrheit zusammengeführt.[17] Indem der Heilige Geist zu uns kommt, lässt er Christus menschlich zu uns kommen.

Das *Extra Calvinisticum* macht klar, dass Christus sich nicht in den Elementen von Brot und Wein einschließen lässt. Anstelle der abgewiesenen Vorstellung einer sakramentalen Inklusion tritt der Begriff der *repraesentatio.* Gott benutzt die Kreaturen, um sie als Mittel und Werkzeuge seiner Ehre dienstbar zu machen, ohne ihnen jedoch seine Stellvertretung zu überlassen. Tatsächlich geht es im *Extra Calvinisticum* um das theologische Problem jeder Christologie: Wenn von einer Einigung Gottes mit der Welt geredet werden soll und doch ausgeschlossen werden muss, dass Gott sich in der Endlichkeit der Welt verliert, dann steht diese Einigung unter dem kritischen Vorbehalt einer bleibenden Differenz von Gott und Welt, die im Übrigen jede wirkliche Nähe Gottes erst erfahrbar macht.[18] Diese Differenz macht es jedoch auch möglich, dass außerhalb der Offenbarung Gottes in Christus, aber unabdingbar auf sie bezogen, Gott in seinem Geist unter uns anwesend ist.

---

[14] *Oberman,* a. a. O., 278 und 281.
[15] *Christian Link:* Die Entscheidung der Christologie Calvins und ihre theologische Bedeutung. Das sogenannte Extra-Calvinisticum, in: Evangelische Theologie 47 (1987), 97–119, hier 98.
[16] *Institutio* IV, 17, 26 (*OS* V, 378, 22–24).
[17] *Institutio* IV, 17, 10 (*OS* V, 351, 3031).
[18] *Link,* a. a. O., 110.

Post Christum braucht das *Extra Calvinisticum* also noch keine Aussage des Unglaubens zu sein. Barth selbst hat später auch differenzierter über das *Extra Calvinisticum* gesprochen. Schon in *Die Protestantische Theologie im 19. Jahrhundert* (1947) spricht er in seinem Aufsatz über Feuerbach – auf das *Extra Calvinisticum* anspielend – über „das calvinistische Korrektiv", das eine Feuerbachsche Umkehrung des Verhältnisses von Gott und Mensch unmöglich macht.[19] Barth würdigt Feuerbachs Betonung der Menschwerdung Gottes in hohem Maße, aber konstatiert zugleich auch eine „lutherische Überbetonung der Menschwerdung" bei ihm, die letztendlich zu der oben genannten Umkehrung führt. Später in der *Kirchlichen Dogmatik (KD)* IV/I kommt er in gewisser Hinsicht zu einem abschließenden Urteil, wenn er feststellt, dass das *Extra Calvinisticum* inhaltlich schon von den Vätern formuliert war und niemals die Funktion hatte, über einen *logos asarkos* zu spekulieren. Er betont, dass die Tatsache, dass Gott unter uns in der *forma servi* existiert, niemals bedeutet, dass er aufgehört hat in der *forma dei* zu existieren.[20]

Die reformierte Kunstkritik

Obwohl die Reserviertheit Calvins gegenüber den Christusbildern zweifellos auch mit dem *Extra Calvinisticum* zu tun hat, kann seine Stellungnahme gegenüber Bildern natürlich auch mit dem allgemeinen protestantischen Ikonoklasmus in Beziehung gebracht werden. Als solche ist diese Zurückhaltung nicht typisch reformiert. Alle Reformatoren waren zurückhaltend gegenüber Bildern. Man fürchtete die Idolatrie. Die Kritik gängiger Bilderpraxis entzündet sich bei den Reformatoren an deren Missbrauch, insbesondere am Reliquienkult. Es geht in der reformatorischen Auseinandersetzung mit der Bilderfrage nicht oder nur am Rande um das Verhältnis zur bildenden Kunst im Allgemeinen; es geht um ihre kirchliche Funktion. So fragt der Heidelberger Katechismus zum Beispiel in Frage 98: „Mögen aber nicht die Bilder als der Laien Bücher in den Kirchen geduldet werden?" Und die klare Antwort lautet dann: „Nein, denn wir sollen nicht weiser sein als Gott, welcher seine Christenheit nicht durch stumme Göt-

---

[19]   *Karl Barth:* Die Protestantische Theologie im 19. Jahrhundert. Ihre Vorgeschichte und ihre Geschichte, Zürich 1947, 484–489, hier 488.

[20]   *Karl Barth:* Kirchliche Dogmatik, IV/I, Zürich 1953, 197. Vgl. für Barths Äußerungen über das Extra Calvinisticum auch *Martien E. Brinkman:* Wie wirklich ist die Wirklichkeit der Menschlichkeit Gottes bei Karl Barth?, in: Zeitschrift für Dialektische Theologie 8/1 (1992), 11–28.

zen, sondern durch die lebendige Predigt seines Wortes will unterwiesen haben."[21] Das reformierte Ethos war mehr auf das Hören (*fides ex auditu*) ausgerichtet als auf das Sehen (*fides ex oculo*) und auf das Ein- und Abbilden.[22] Übrigens sei hier zur Differenzierung angemerkt, dass die Reformatoren immer die gestalteten Bleiglasfenster als *biblia pauperum* (Laien-Bücher) in ihren Kirchen nicht nur akzeptiert, sondern auch gewürdigt haben.

Nach der Meinung der Reformatoren hat in der römisch-katholischen Kirche das Bild gegenüber dem Wort den Vorrang bekommen,[23] sodass die Freiheit des Wortes Gottes und damit auch die Freiheit Gottes selbst gefährdet seien. Speziell in der reformierten Tradition, in der die Souveränität Gottes (*Soli dei Gloria*) eine so wichtige Rolle spielt, hat dieses Freiheitsmotiv – Lass Gott Gott sein! – einen herausragenden Einfluss ausgeübt.[24] Das war auch Karl Barths größte Sorge. Es geht ihm um die Unvergleichbarkeit und Unnahbarkeit Gottes.[25] Insbesondere in der Musik Mozarts und in Matthias Grünewalds Isenheimer Altar sah er jedoch diese göttliche Freiheit in besonderer Weise garantiert. Auch bei Barth ist also keine allgemeine Kunst- oder Bilderkritik zu finden.[26] Es war für ihn klar, dass Jesus Christus die Bilder (von Gott und vom Menschen) im Prinzip überflüssig macht, weil er das alleinige, wahre Bild Gottes und des Menschen ist. Man könnte sagen, dass die Inkarnation die positive Sinnerfüllung des Bilderverbotes ist. In ihm ist der unsichtbare Gott sichtbar geworden.[27]

---

[21]   *Jan Nicolaas Bakhuizen van den Brink*, a. a. O., 206.

[22]   *John W. de Gruchy:* Holy Beauty. A Reformed Perspective on Aesthetics within a World of Ugly Injustice, in: *Brian A. Gerrish* (ed.): Reformed Theology for the Third Christian Millennium, Westminster 2003, 15.

[23]   *Hans von Campenhausen:* Die Bilderfrage in der Reformation, in: *Ders.:* Tradition und Leben. Kräfte der Kirchengeschichte. Aufsätze und Vorträge, Tübingen 1960, 361–407; *Gerhard May:* Die Kirche und ihre Bilder, in: *Rainer Beck/Rainer Volp/Gisela Schmirber* (Hg.): Die Kunst und die Kirchen, München 1984, 57–67 und *William A. Dyrness:* Reformed Theology and Visual Culture. The Protestant Imagination from Calvin to Edwards, Cambridge 2004, 312.

[24]   *David Cornick:* Letting God be God. The Reformed Tradition, London 2008, 100 f.

[25]   *Barth,* Katechismus, a. a.O., 107. Siehe auch Barths Warnung in seiner am 26. März 1935 zur Eröffnung der zweiten freien reformierten Synode in der Nikolaikirche in Siegen gehaltenen Predigt zum Bilderverbot (Ex 20, 4–6): „Und nun sind wir in unseren Tagen ernstlich erschrocken angesichts der fast unzweideutig gewordenen Tatsache, dass im deutschen Volk wieder einmal eine mächtige Bewegung entstanden ist zur Herstellung, zur Anbetung und zum Dienst eines eigenmächtig entworfenen Gottesbildes." Vgl. *Karl Barth:* Vier Predigten (Theologische Existenz heute 22), München 1935, 36–45, hier 43.

[26]   *Karl Barth:* Wolfgang Amadeus Mozart, Zürich 1956 und *Reiner Marquard:* Karl Barth und der Isenheimer Altar, Stuttgart 1995. Siehe für Barths große Sympathie für Grüne-

Insofern man bei Barth von einer eigenen Kunstlehre sprechen kann, kann man zugleich feststellen, dass er diese Lehre streng eschatologisch aufgefasst hat. Er sieht Kunst als eine angemessene Interpretation von Jesaja 65,17: „Denn siehe, ich will einen neuen Himmel und eine neue Erde schaffen, dass man der vorigen nicht mehr gedenken und sie nicht mehr zu Herzen nehmen wird." Seiner Meinung nach ist Kunst durch eine prinzipielle Heimatlosigkeit gekennzeichnet und bezieht sich auf die Erlösung: „Sie wagt sich als Malerei und Skulptur an die äußere Gestalt des gegenwärtigen Menschen, der gegenwärtigen, scheinbar nur mit unseren gegenwärtigen Augen sehbaren Natur, immer in der Absicht, sie mit anderen Augen zu sehen und also in strengem Sinne verbessert neu zu schaffen, immer und notwendig futuristisch also."[28]

Reformierte Bausteine zur Kunst

Im Calvinismus finden sich nun auch einige Akzente, die speziell die Malerei gefördert haben. In der calvinistischen Schöpfungslehre ist die ganze Schöpfung *theatrum gloriae Dei.* Im Prinzip kann alles in der Schöpfung von der Majestät Gottes zeugen und das darf in der Malerei auch gezeigt werden.[29] Es wird deutlich, dass der Künstler hier zu wählen hat: Schließt er an bei der alten, gefallenen Schöpfung oder bei der Neuschöpfung in Christus? Für den englischen reformierten Theologen Colin Gunton ist es klar, dass ein Künstler immer in einen Prozess der Neuschöpfung involviert ist.[30]

Als zweites Motiv kann darüber hinaus erwähnt werden, dass der Calvinismus als Pendant seiner radikalen Sündenlehre („geneigt zu allem Bösen") eine gleich radikale Heiligungslehre („durch den Geist Gottes wiedergeboren") kennt.[31] Beide sind gekennzeichnet durch denselben Holismus. Der ganze Mensch ist verdorben, aber der ganze Mensch ist auch erneuert, kann

---

wald und Mozart auch *Eberhard Busch:* Karl Barths Lebenslauf: nach seinen Briefen und autobiographischen Texten, Müchen 1976, 128, 423 und 424 f.

[27] *Karl Barth,* KD III/1, Zürich 1945, 227 und 229.

[28] *Karl Barth:* Ethik II 1928/1929 (Karl Barth Gesamtausgabe, Akademische Werke II, Bd.10), Zürich 1978, 440–441.

[29] *Dyrness,* a. a. O., 309: "If creation is a theater, a mirror, of God's glory one could do no better than study diligently the splendors God has placed there."

[30] *Colin Gunton:* Creation and Re-Creation. An Exploration of Some Themes in Aesthetics and Theology, in: Modern Theology 2/1 (1985), 1–19, hier 11 f.

[31] Siehe Frage und Antwort 8 des Heidelberger Katechismus, in: *Bakhuizen van den Brink,* a. a. O., 157.

einen „neuen Anfang" machen.[32] Das aber darf dann auch anschaulich gemacht, d. h. als und in Kunst gezeigt werden. Deshalb könnte Barth auch sagen, dass richtige Kunst immer „futuristisch" ist, und er meinte damit: eschatologisch ausgerichtet, gerichtet auf das, was noch nicht da ist.[33]

Als drittes Motiv, eng verbunden mit dem zweiten, aber doch nicht dasselbe, kann man auch darauf weisen, dass in der calvinistischen Soteriologie Heil niemals nur mit Innerlichkeit zu tun hat. Es zielt auch auf die Transformation des äußerlichen Lebens, inklusive aller täglichen Dinge. Das äußerliche, tägliche, wirksame Leben hat im Calvinismus dasselbe Gewicht wie das Geistliche. Rembrandt und van Gogh sind die besten Beispiele dieser Lebenshaltung. Es ist leicht in ihrer Arbeit das Echo der calvinistischen individuellen und sozialen Ethik zu erkennen.[34]

Kritische Transformation

Ich stimme völlig mit der These des nordamerikanischen reformierten Theologen William Dyrness überein, dass die reformierte Konzentration auf das Hören und Lesen, tatsächlich einen paradoxalen Effekt gehabt hat. Es hatte zum einen zur Folge, dass man beim Hören und Lesen seine eigenen innerlichen Vorstellungen (Bilder) zu schaffen hat. Dyrness spricht hier von einem *inward turn*, einer Wendung nach innen.[35] Das hat eine große Kreativität und Originalität ausgelöst, oft eng verbunden mit biblischen Geschichten (vgl. Rembrandt!).[36] Die Reformatoren haben zweitens nicht nur Jesus Christus, sondern auch den Menschen als solchen als das wahre Bild Gottes gesehen. Diese Konzentration auf den Menschen hatte unverkennbare Folgen für die Porträtkunst.[37] Und drittens kann diese Kon-

---

[32] *Barth,* Katechismus, a. a. O., 32. Vgl. auch *Jeremy S. Begbie:* Voicing Creation's Praise. Towards a Theology of the Arts, Edinburgh 1991, 214: "The Christian Confession is that God's 'No' yields its true meaning only in the light of his 'Yes', his unconditional love towards creation, (…)."

[33] Siehe auch *Matthew Prevett:* Paradise and Beauty. Towards a renewed Understanding of the Aesthetic in reformed Theology, in: Reformed World 63/2 (2013), 76–88, hier 82.

[34] *Dyrness,* a. a. O., 309: "Vincent van Gogh's treatment of an old pair of shoes, or a poor family eating potatoes is surely working at the far end of this tendency to dignify ordinary life."

[35] Ebd., 304–306.

[36] *Willem A. Visser 't Hooft:* Rembrandt's Weg zum Evangelium, Zürich 1955, 12–20 (Der Maler der Bibel).

[37] *Dyrness,* a. a. O., 306: "More work needs to be done on the relation between the reformation and the concurrent flowering of portraiture. Renaissance humanism surely played

zentration als Ursache für ein starkes Gefühl der Einfachheit, für eine strenge Konzentration auf das Wichtigste gesehen werden (vgl. Saenredam, Mondriaan und Giacometti).

Es ist nicht meine Intention, in diesem kurzen Beitrag eine vollständige reformierte Kunstlehre zu entwickeln. Hier muss es genügen, einige historische Aspekte zu erhellen (siehe oben) und einige Ausblicke zu formulieren. Für das Letzte konzentriere ich mich nun auf zwei noch offen gebliebene Fragen, nämlich die Frage nach dem Verhältnis von Wort und Bild und die Frage nach der Ambivalenz der Bilder.

Es ist klar, dass die Reformation dem Wort Priorität gegenüber dem Bild eingeräumt hat. Das Ohr wurde wichtiger als das Auge, ausgenommen selbstverständlich der wichtigen Rolle, die das Auge beim Lesen zu spielen hat. Heute müssen wir jedoch feststellen, dass tatsächlich das Auge diesen Wettkampf mit dem Ohr gewonnen hat. Nicht umsonst spricht man nach dem *hermeneutical turn* der siebziger Jahre heute von dem *pictorial turn*.[38] Auch bei den Reformierten ist das Auge (Fernsehen, Film, Computer, Handy) mittlerweile wichtiger als das Ohr. In dieser Situation scheint es nicht vernünftig zu sein, an einen unüberbrückbaren Gegensatz zwischen Wort und Bild festzuhalten. Vernünftiger scheint es, eine unvermeidbare, aber doch auch sehr fruchtbare Interaktion der beiden vorauszusetzen. Texte evozieren ja immer Bilder, und Bilder fragen nach Deutung, benötigen einen Kontext so wie sie einen Rahmen brauchen. Texte und Bilder setzen also einander voraus und können nicht länger gegeneinander ausgespielt werden.[39]

Mit der Bemerkung, dass Bilder nach Deutung verlangen und immer eines Rahmens bedürfen, ist bereits auf ihre Ambivalenz angespielt. Bilder können erbauen, aber auch zerbrechen. Bilder können gefährlich sein. Das weiß jeder Filmemacher, Künstler und Fotograf. Dasselbe gilt übrigens auch für die Musik. Mit der Hilfe der Musik kann man mit Menschen spielen, gefährliche Emotionen aufrufen. Das weiß wiederum jeder Musiker und jeder Komponist. Kunst ist deshalb niemals neutral, niemals unschuldig. Sie ist niemals ohne Effekt. Entsprechend spricht der nordamerikanische reformierte Philosoph Nicholas Wolterstorff über Kunst *in action.*

---

a role here as well, but even this had its religious dimension. What is clearly mistaken is to understand this simply as a secular development – at least in those areas influenced by Calvinism theological motives were at work. The reformers consistently emphasized the human person as the proper image of God, and the necessity of paying appropriate tribute to this image rather than wasting resources on material things."

[38] *William J. T. Mitchell:* Picture Theory, Chicago 1994, 13–16.
[39] *Dyrness,* a. a. O., 312: "Image and thought cannot long survive without each other, as the Reformed tradition itself gives (sometimes unwilling) testimony."

Kunst spielt immer eine aktive Rolle, ist niemals nur passiv.[40] Das Unternehmen „Kunst" ist immer ein Spiel mit dem Feuer! Wie ist nun mit dieser Ambivalenz auf verantwortliche Weise umzugehen? Es scheint mir zu wenig, wenn Theologen hier nur die Rolle des Feuerwehrmannes erfüllen. Da ist mehr gefordert. Ohne ethische Kriterien ist nicht auf verantwortliche Weise mit Kunst umzugehen. Das bedeutet, dass Kunst immer eines gesellschaftlichen Diskurses als Rahmen bedarf und letztendlich auch nicht um die Wahrheitsfrage herum kommt.

Innerhalb eines ethischen Rahmens kann man über die Relation von Wort und Bild von einer wechselseitigen Transformation sprechen. Das Bild transformiert unsere Wörter, macht, dass wir manchmal neue Wörter brauchen oder die traditionelle Bedeutung der Wörter zu ändern haben. Aber das Wort verändert auch die Bilder. Es räumt für die Bilder einen Interpretationsrahmen ein, und manchmal ist dieser Rahmen entscheidend für die Frage, ob Bilder heilsam oder schädlich sind. Diese wechselseitige Transformation ist deshalb stets eine kritische Transformation nach beiden Seiten hin.[41] Neue künstlerische Interpretationen können ein neues Licht auf die christliche Überlieferung werfen, aber die christliche Überlieferung kann auch immer wieder neue künstlerische Interpretationen vertiefen und ergänzen (kritisch oder befestigend).[42] Konkret heißt das, dass zum Beispiel die Christusgestalt nicht nur immer wieder neue Bedeutung in der Kunst enthält, sondern dass dieselbe Christusgestalt auch immer neue Kunst hervorruft.

Natürlich braucht man dazu Kriterien. Was ist gemeint mit der „Christusgestalt", der „Christusfigur"? Welche Christusinterpretation ist falsch und welche richtig? Obwohl es keinen sogenannten objektiven Christus gibt, ist m. E. von zumindest vier Hauptmerkmalen der Christusfigur auszugehen: seine göttliche Berufung, seine Botschaft vom kommenden Reich, das Opfer seines Lebens als Implikation seiner Berufung und seine Auferstehung. Er fühlte sich von Gott gerufen, die riskante Botschaft einer radi-

---

[40] *Nicholas Wolterstorff:* Art in Action. Towards a Christian Aesthetics, Grand Rapids 1980, 5.

[41] Der Gedanke der wechselseitigen Transformation ist der Schlüsselbegriff meiner beiden Bücher über den Non-Western Jesus und den Jesus Incognito. Vgl. *Martien E. Brinkman:* The Non-Western Jesus. Jesus as Bodhisattva, Avatar, Guru, Prophet, Ancestor or Healer?, London 2009, 17–23 und *Ders.:* Jesus Incognito. The Hidden Christ in Western Art since 1960, Amsterdam/New York 2013, 46–54.

[42] *Christopher Deacy:* Redemption, in: *John Lyden* (Hg.): The Routledge Companion to Religion and Film, London/New York 2009, 351–367, hier 358 f.

kal anderen Welt zu verkündigen, bis zum eigenen Tod als Konsequenz, und er war überzeugt von der Vollendung (Bestätigung) seines Lebens nach seinem Tod.

In diesem Christusbild ist von Anfang an Raum für das Geheimnis, das nach der christlichen Tradition die Figur Jesus Christus verkörpert, nämlich die Gleichzeitigkeit seiner göttlichen und menschlichen Natur. Eine solche „Bedingung" ist nicht dazu gedacht, die künstlerische Freiheit einzuschränken. Auch ist sie nicht von einer Institution (einer Kirche) vorgeschrieben worden. Und die vier oben genannten Identitätsmerkmale (Ruf, Botschaft, Kreuz und Auferstehung) brauchen auch nicht alle immer gleichzeitig erkannt und umgesetzt zu werden. Eines von ihnen kann so prominent da sein, dass dieses schon ausreicht, um die gedankliche Verbindung mit der Christusgestalt hervorrufen zu können.

Die genannten Merkmale sind nur ein Instrument der Analyse. Wir benötigen sie als Kriterien, um zum Beispiel die fiktiven, verborgenen Christusfiguren in Filmen mit dem Christus der christlichen Tradition in Verbindung setzen zu können.[43] Man könnte hier auf den bekannten wissenschaftstheoretischen Unterschied von einem Begründungs- und einem Entdeckungszusammenhang verweisen. Die vier genannten Identitätsmerkmale des Lebens Jesu gehören dann zum Begründungszusammenhang. Was man in einem Film oder Kunstwerk tatsächlich wahrnimmt, hängt hingegen vom Entdeckungszusammenhang des Betrachters ab.[44] Eine echte Interaktion im Sinne von wechselseitiger Transformation bedeutet hier, dass wir unsere eigene Kultur auch als Quelle der Theologie ernst nehmen und dennoch zugleich damit rechnen, dass das Evangelium dieselbe Kultur auch prinzipiell unter Kritik stellen kann.

Neue künstlerische Formen können wichtige Anspielungen auf bisher verborgene biblische Aspekte enthalten.[45] Sie können die biblische Botschaft auf neue Weise enthüllen. Das bedeutet, dass zum Beispiel das Neue Testament nicht nur uns helfen kann, neue Kunstwerke christlich zu interpretieren, sondern dass diese Kunstwerke auch dazu dienen können, das

---

[43] *Peter Malone:* Jesus on Our Screens, in: *John R. May* (ed.): New Image of Religious Film, Kansas City 1997, 57–71, hier 69 f.

[44] *Gerhard Sauter:* Die Begründung theologischer Aussagen – wissenschaftstheoretisch gesehen, in: Zeitschrift für Evangelische Ethik 15 (1971), 299–308 und auch *Wolfhart Pannenberg:* Wissenschaftstheorie und Theologie, Frankfurt am Main 1973, 295–298 und 323 f.

[45] *Neil P. Hurley:* Cinematic Transfigurations of Jesus, in: *John R. May & Michael Bird* (eds.): Religion in Film, Knoxville 1982, 61–78, hier 75; *Anton K. Kozlovic:* The Structural Characteristics of the Cinematic Christ-Figure, Journal of Religion and Popular Culture (2004), 8, und *Daniel A. Siedell:* God in the Gallery, Grand Rapids, Michigan 2008, 74.

Neue Testament aus der Perspektive unserer heutigen Kultur zu verstehen. Hier ist für diesen Zusammenhang der Begriff der *Umkehr des hermeneutischen Flusses* geprägt worden.[46] Der Fluss bewegt sich dann nicht nur vom Text zum Kontext, sondern auch vom Kontext zum Text.

Zum Schluss

In der Geschichte des Christentums gibt es viele Beispiele, dass Kunstwerke aber auch philosophische Reflexionen die existentielle Bedeutung der Texte eindringlicher herausgearbeitet haben als die brillantesten exegetischen Auseinandersetzungen.[47] Selbstverständlich ist hier zuerst an Bachs Matthäus- und Johannes-Passion zu denken, aber man kann auch auf Rembrandts bekannte Darstellung der Rückkehr des verlorenen Sohnes (Lk 15,11–32) verweisen oder auf die Erläuterungen in Kierkegaards berühmtem Buch *Furcht und Zittern* zu Isaaks Opferung (Gen 22,1–19), um nur einige klassische Beispiele zu nennen. Barth würde hier sicherlich auch Mozart nennen und in ihm die Denkfigur der *analogia relationis* erkennen.[48] In der Nachfolge Barths möchte ich – den Paragraph über den wirklichen Menschen in KD III/2 aufgreifend – von der „menschlichen Potentialität vom Akt des wirklichen Menschen her" sprechen, wodurch auch künstlerische Phänomene als Symptome des Menschlichen eingesehen und gewürdigt werden können.[49]

Vielleicht können auch heute so manche Bilder aus der Kunst zu den bekannten biblischen Bildern auf ähnliche Weise hinzugefügt werden, wie dies in anderen Epochen der Kirchengeschichte ebenso geschehen ist. Gerade in der östlichen Orthodoxie ist es ein weit verbreiteter Gedanke, dass der (charismatische) Ikonenmaler nicht nur einfache Gläubige, sondern auch die Theologen mit seiner Kunst erzieht. Hier sind, wie erwähnt, immer zwei gegensätzliche Richtungen vorauszusetzen. Es geht mit Recht um eine wechselseitige Transformation. Wir kommen zu den Ikonen, aber die

---

[46] *Larry J. Kreitzer:* The New Testament in Fiction and Film. On Reversing the Hermeneutical Flow, Sheffield 1993; *Ders.:* Gospel Images in Fiction and Film. On Reversing the Hermeneutical Flow, London 2002, 8; *Christopher Deacy:* Reflections on the Uncritical Appropriation of Cinematic Christ-Figures: Holy Other or Wholly Inadequate, in: Journal of Religion and Popular Culture 8 (2006), 14, und *Robert K. Johnston:* Reel Spirituality, Grand Rapids, MI, 2006, 253.

[47] *Kreitzer,* New Testament, a. a. O., 151 f.

[48] *Barth,* Mozart, a. a. O. Siehe auch *Colin Gunton:* Mozart the Theologian, in: Theology XCIV (1991) Nr. 761, 346–349 und *Marquard,* Barth, a. a. O., 93 f.

[49] KD, III/2, 238. Siehe auch *Brinkman,* Wirklichkeit, a. a. O., 26–28.

Ikone kommt auch zu uns.[50] Entsprechend ist in der Orthodoxie der Unterricht in der Kunst des Ikonenmalens auch ein regulärer Teil des theologischen Unterrichts. Doch auch säkulare Kunst kann m. E. diese Rolle übernehmen. Selbstverständlich können bei weitem nicht alle Kunstwerke diese ikonische Rolle erfüllen. Ich möchte mein Plädoyer für die Kunst als Quelle der Theologie nicht mit dem Offenbarungsgehalt verwechselt wissen, den man in der Orthodoxie den Ikonen zuspricht. Dafür bedürfte es hinsichtlich der modernen Kunst einer überaus anspruchsvollen, manchmal auch komplizierten Hermeneutik.

Aber es lässt sich doch nicht länger leugnen, dass die gegenwärtige Kunst heute eine hervorragende Rolle spielt, wenn es darum geht, neue Ausdrucksformen des Christlichen zu finden. Natürlich ist das Neue Testament weiterhin die wichtigste Quelle für die gegenwärtige Interpretation der Christusfigur, aber zugleich muss man festhalten, dass man ohne die Hilfe der Ausdrucksformen der Kultur das Neue Testament nicht richtig verstehen kann. Dies war in der Geschichte des Christentums immer der Fall. Ob dieser Argumentationskreis ein Teufelskreis ist oder nicht, hängt meiner Meinung nach davon ab, ob wir die theologische und spirituelle Sensibilität entwickeln können, um zu einer fundierten, christlichen Hermeneutik der Kunst zu kommen. Dazu hoffe ich einige (reformierte) Bausteine beigetragen zu haben.

---

[50] *Archimandrite Vasileios:* Hymn of Entry: Liturgy and Life in the Orthodox Church, New York 1984, 81–90 ('The Icon as Liturgical Analogy').

Ikonen neu:gefasst oder über das Menschsein in unserer heutigen Medienkultur

Davor Džalto[1]

Wir leben in einer vom Bild dominierten Kultur

Dies ist eine schon oft wiederholte allgemeine Beschreibung unserer heutigen Kultur, in der unsere Erfahrung von der Welt sehr oft durch die von den Massenmedien bereitgestellten Bilder vermittelt ist. Ein (durchschnittlicher) Kulturkonsument verbringt einen Gutteil seiner Zeit mit dem Anschauen von Bildern, die ihm im Privaten und in der Öffentlichkeit begegnen. Diese Bilder reichen von mehr konventionellen zweidimensionalen Abbildungen bis hin zu komplexeren multimedialen Bildern, die uns über Fernsehen, Film/Video oder das Internet erreichen.

Marshall McLuhans grundlegende Einsichten in die Natur der Medien haben uns bewusst gemacht, dass diese Bilder nicht nur die beherrschenden Vermittler bestimmter (nicht-visueller) Botschaften sind, sondern dass das Medium in seiner äthethischen Dimension selbst oft der eigentliche Inhalt ist, der vermittelt wird. Der Optimismus allerdings, mit dem McLuhan seine Einsichten vorgetragen hat, ist in den letzten Jahren dahingeschwunden. Nach Ansicht mancher Autoren führt eine vom Bild dominierte Kultur potentiell zu einer Einschränkung des kritischen Denkens, weil sie dem Betrachter nicht informative Inhalte, sondern eher unterhaltsame Bilder vorsetzt.[2] Wenn

---

[1] Prof. Davor Džalto ist Künstler, Kunsthistoriker, Theologe und Philosoph. Derzeit ist er Präsident des Instituts für das Studium der Kultur und Christentum sowie wissenschaftlicher Mitarbeiter am Institut für Philosophie und Sozialtheorie der Universität Belgrad sowie assoziierter Professor an der amerikanischen Universität von Rom.

[2] Siehe *Neil Postman:* Amusing Ourselves to Death, New York 1985 (dt. Wir amüsieren uns zu Tode, Frankfurt a. M. 1985) oder *Mitchel Stephens:* The Rise of the Image the Fall of the Word, Oxford 1998.

wir die lange und recht aufschlussreiche Geschichte der Gegenüberstellung von Wort und Bild innerhalb der abendländischen Tradition betrachten, finden wir häufig die Ansicht, dass die auf das Wort gegründete Kultur von einer Bild dominierten Kultur abgelöst worden sei. Manche christliche Autoren, wie etwa Arthur W. Hunt, sehen darin gar ein Zeichen für einen neuen Paganismus und eine neue Idolatrie, in der wir Bilder verehren, anstatt eine Kultur des Lesens zu pflegen.[3]

Es ist nicht die Absicht des vorliegenden Textes, Bilder und Worte gegeneinander auszuspielen. Vielmehr möchte ich versuchen, die Ästhetik und die Anthropologie unserer heutigen visuellen Kultur zu erkunden, um sie mit der christlichen Anthropologie und Ästhetik zu vergleichen. Mein Fokus wird dabei auf die orthodox-christlichen Ikonen gerichtet sein und die mit ihnen verbundene Ästhetik und Anthropologie, die als eine Alternative zur Logik der Bilder unserer multimedialen Massenmedien angesehen werden können. *Ikonen* können und sollten meiner Ansicht nach *neu:gefasst* werden, weil sie einen bedeutsamen Beitrag leisten können für die Kultur, in der wir leben, und für die christliche Mission in der heutigen Welt.

Um Missverständnissen vorzubeugen, möchte ich betonen, dass es hier nicht meine Absicht ist, unsere heutige visuelle Kultur einfach zu verdammen, sondern dass es darum geht, einige der ihr zugrunde liegenden ideologischen Narrative sichtbar zu machen, die durch das Medium unserer heutigen Bilder vermittelt werden. Dies ist deshalb von Bedeutung, weil das Gewahrwerden dieser ideologischen Narrative und ihrer ästhetischen Logik, die in das Medium als solches und in die ästhetischen Eigenschaften der Bilder eingebunden sind, uns dazu verhelfen können, sie auf eine andere und, wie ich glaube, konstruktivere Weise zu gebrauchen, indem verschiedene Botschaften und anthropologische Konzepte zum Tragen kommen.

Dasselbe gilt in Bezug auf den unterschiedlichen Bildtypus der Ikonen, den ich als Beispiel für eine andere Ästhetik und Anthropologie erörtere. Meine Analyse dieses Bildtypus und seines kirchlich-liturgischen Kontextes besagt nicht, dass Ikonen nicht auch prinzipiell zu anderen Zwecken benutzt werden können, auch solchen, die ihrer ursprünglichen Funktion entgegengesetzt sind. Die Bild-Betrachter-Relation und der Kontext, in dem die Bilder erscheinen, sind deshalb entscheidend, damit ihre Ästhetik „richtig" zur Wirkung kommen kann.

---

[3] Vgl. *Arthur W. Hunt:* The Vanishing Word. The Veneration of Visual Imagery in the Postmodern World, Wheaton, IL 2003.

„Ästhetik der Verführung" oder wie man seine Freiheit aufgibt und sich zugleich glücklich fühlt

Meine These ist, dass wir es bei den meisten Begegnungen mit heutigen multimedialen Bildern (und ich denke dabei an höchst ästhetisierte Bilder, so wie sie uns in Werbespots, in der Plakatwerbung, im Fernsehen und auf unseren Rechnerbildschirmen entgegentreten) mit verführenden ästhetischen Strategien zu tun haben. Das ist natürlich bei der Werbung und im PR-Bereich offensichtlich. Die *verführenden* ästhetischen Strategien existieren jedoch auch dort, wo die Bilder und ihre Botschaften, denen wir ausgesetzt sind, nicht der Werbung für ein bestimmtes Produkt dienen.

Die „Ästhetik der Verführung", wie ich diese spezifische Gestaltung der Beziehung zwischen Bild und Betrachter nenne, bewirkt nicht nur, dass der Betrachter ein bestimmtes Produkt *begehrt* (wenn überhaupt), sondern vor allem, dass er ein bestimmtes Gefühl begehrt, das das Bild mit Hilfe seiner eigenen Ästhetik und seiner (ästhetischen) Eigenschaften erzeugt. Das Bild wird zu einem Bild einer begehrten Welt, einer sichtbar gemachten Gestalt gewordenen Fantasie. Die „Ästhetik der Verführung" hat weitreichende anthropologische und ideologische Folgen. Durch sie ist es möglich, die Beziehungen der Menschen zur Welt und zueinander auf eine bestimmte Weise zu strukturieren. Das ist möglich, weil Ästhetik sich niemals nur auf die sinnliche Wahrnehmung beschränkt; sie hat auf ihre Weise immer auch eine ideologische und politische Dimension. Sie kann der Vermittlung bestimmter Konzepte und ideologischer Narrative (einschließlich anthropologischer Konzepte) dienen, die in die spezifischen ästhetischen Eigenschaften der Bilder eingebunden sind. Ich möchte diesen Mechanismus anhand zweier Beispiele erläutern.

Das erste Beispiel, das hier kurz erörtert werden soll, ist das der heutigen Pornografie. Gewöhnlich wird Pornografie als Auswuchs eines extremen Materialismus angesehen, der alle „geistigen" Eigenschaften des Menschen ignoriert, und diesen allein auf den „Körper" reduziert. Damit bejahe sie alle körperlichen Instinkte und physiologischen Reaktionen und degradiere den Menschen zugleich in seiner Würde. Eine etwas ausgefeiltere Form der gleichen Anschauung argumentiert, Pornografie mache Menschen zu Objekten und zu Mitteln der Befriedigung des eigenen, rein körperlichen Begehrens. Meiner Ansicht nach könnte man auch ohne weiteres fast umgekehrt argumentieren: Pornografie gibt es, um uns authentische körperliche Erfahrungen vorzuenthalten. Ihre *Sünde* besteht nicht in ihrem zu körperlichen Charakter, sondern in der Tatsache, dass sie dem Individualismus Vorschub leistet und den Betrachter von wirklichen Körpern und wirklichem Sex abtrennt.

In der Mehrzahl benutzt die heutige pornografische Bilderwelt Fotografie, Fernsehen und Video, um ein Übermaß höchst ästhetisierter Bilder zu präsentieren. Deren Zweck ist es, den Betrachter vor allem mit Hilfe seiner eigenen Fantasien zu verführen. Die Bilder (von Menschen), die die Pornografie bereitstellt, werden attraktiver als ein wirkliches männliches oder weibliches menschliches Wesen selbst. Ganz ähnlich wie die sogenannte Informationsindustrie durch die hypertrophe Produktion von „News", die nicht wirklich informativ, sondern eher lediglich unterhaltsam sind, verhindert, dass wir informiert werden, produziert die Pornografie in hypertropher Weise Bilder von Körpern und Sexualakten, die den Blick des Betrachters gefangen nehmen und sein Bedürfnis nach einem wirklichen Partner eliminieren. Mit Hilfe der verlockenden ästhetischen Qualität dieser Bilder wird der Betrachter/die Betrachterin in den eigenen Fantasmen gefangen.

Die verführende Macht der pornografischen Bilder (deren Bildlogik im Übrigen der Mehrzahl unserer anderen medialen Bilder gleicht) basiert darauf, dass der notwendige Abstand zwischen dem Bild und der (bloßen) *Wirklichkeit* eingehalten wird. Wenn Pornografie auf die bloße Wirklichkeit reduziert wird, verliert sie ihre verführende Macht. Auf diese Weise ermöglicht uns die Pornografie, die Lust einer scheinbar *ekstatischen* Bewegung zu erleben – einer Bewegung aus uns selbst heraus – und dabei in der eigenen Isolation zu bleiben. Der Körper, den wir im Bild sehen, ist nicht das Objekt unseres Begehrens, sondern unsere aktualisierte Fantasie, die zu uns von dem Bild als ein Spiegelbild zurückkommt und unseren Körper in seiner individuellen Eigenart bestätigt. Das Medium macht für den Betrachter alles, es macht jegliche Interaktion mit anderen Menschen, eine *ekstatische* Überschreitung unseres individuellen Ich, bedeutungslos.

Pornografische Bilder beseitigen damit das Bedürfnis nach einem wirklichen Partner, dessen Präsenz sich als verstörend erweisen könnte. Sie belassen den Betrachter oder die Betrachterin in der Sicherheit seiner/ihrer impotenten Fantasmagorien. Damit tötet die „Ästhetik der Verführung" wirksam jegliche Ästhetik als authentische Erfahrung des anderen und verhindert das ekstatische „Sich-Öffnen" eines Menschen in Richtung auf einen anderen oder andere.

Ein weiteres, allerdings komplexeres Beispiel begegnet uns in der Logik der sogenannten „sozialen Netzwerke", für die Facebook paradigmatisch ist. Hier haben wir es nicht nur mit statischen (fotografischen) oder bewegten (filmischen) Bildern auf dem Bildschirm zu tun, sondern mit Bildern, die durch die Interaktion zwischen dem Nutzer und dem interaktiven Medium erzeugt werden.

Auf den ersten Blick scheint es so, dass es der Zweck von Facebook ist, einen virtuellen Bereich zur Verfügung zu stellen, in dem Menschen einander begegnen und sich austauschen können. Aus dieser Perspektive betrachtet, könnte man meinen, dass Facebook durch die ihm eigene Struktur die Kommunikation zwischen Menschen fördert. Es gibt jedoch viele Gründe, um hier anderer, wenn nicht gegenteiliger Ansicht zu sein. Wir können in Facebook eine Einrichtung sehen, um mit Hilfe des Gebrauchs von Mitteln, die eigentlich der Kommunikation dienen, eine *authentische* Erfahrung der Welt und anderer Menschen zu verhindern.

Als Nutzer von Facebook „treffen" wir (virtuell) immer mehr Menschen und bekommen immer mehr Informationen vom Leben der Menschen und der Welt um uns herum. Jedoch ist das, was uns wirklich gegenübertritt, die Hypertrophie unseres eigenen virtuellen Bildes, auf das wir eigentlich in all diesen Begegnungen treffen.

Das Schlüsselphänomen ist hier die sogenannte „Personalisierung" des digitalen Raumes. Was uns Google oder Facebook auf unseren Bildschirmen zeigen, wird generiert nach Maßgabe dessen, was wir *vielleicht sehen wollen*. Diesen Mechanismus hat Eli Pariser in seinem Buch „*The Filter Bubble. What the Internet is Hiding from You*" [auf Deutsch: Filter Bubble. Wie wir im Internet entmündigt werden] eingehend analysiert:

> „Da man auf geteilte Erfahrungen achtete, stellte Google sicher, dass ‚top stories' von breitem, allgemeinem Interesse hervorgehoben wurden. Aber unterhalb dieser Schlagzeilen erschienen ausschließlich Berichte, die von lokalem und persönlichem Interesse für den einzelnen Nutzer sind – ausgewählt anhand der Interessen, die man bei Google offenbart, und der Artikel, die man in der Vergangenheit angeklickt hat."[4]

Mit dem Resultat:

> „Ohne neben einem Freund Platz zu nehmen, lässt sich schwer sagen, wie sich die eigene Version von Google oder Yahoo News, von der eines anderen Nutzers unterscheidet. Weil aber die Filter Bubble unsere Wahrnehmung dessen verzerrt, was wichtig, wahr und wirklich ist, ist es so wichtig, sie sichtbar zu machen."[5]

Die menschlichen Konsequenzen dieses Sachverhaltes können sehr schwerwiegend sein. In seinem Buch zitiert Pariser Nicholas Negroponte, der seine Befürchtungen hinsichtlich einer Zukunft äußert, in der unsere

---

[4]   *Eli Pariser:* The Filter Bubble. What the Internet is Hiding from You, New York 2011, 37, dt. Ausgabe: Filter Bubble. Wie wir im Internet entmündigt werden, München 2012, 69.

[5]   Ebd., 27 f.

Erfahrung von Welt durch eine solche Informationsindustrie vermittelt wird, begleitet von einer verdeckten Selbstbezogenheit, die wir zusammen mit der „personalisierten" Schnittstelle erwerben.

> „Stellen Sie sich eine Zukunft vor, in der Sie über einen Interface-Agenten verfügen, der für Sie jede Nachricht und jede Zeitung, jedes Fernsehprogramm und jede Radiosendung weltweit empfangen kann und Ihnen daraus eine persönliche Zusammenfassung erstellt. Diese ‚Zeitung' können Sie sich dann in einer Auflage von einem Exemplar drucken lassen. ... Man könnte sie das ‚Tägliche Ich' nennen."[6]

Eine vergleichbare Logik ist am Werk, wenn wir es mit den Bildern zu tun haben, die Facebook für uns generiert. Unser Facebook-Avatar interagiert, als ein begehrtes Bild unseres Selbst, mit den begehrten Bildern der anderen und partizipiert auf diese Weise an der Konstruktion eines weiteren Bildes, das in dieser Interaktion entsteht. Dieses umfassendere Bild ist das Ergebnis von Facebook-Postings, Fotos und „Interaktionen" zwischen Avataren und dem Medium Facebook, das auf „personalisierten" Erscheinungsbildern beruht.

Das Ergebnis ist, dass das Medium den Eindruck eines „Zusammenseins" in der virtuellen Gemeinde herstellt, eines in ständigem „Kontakt" mit unseren „Freunden" Seins. Die Wirklichkeit aber sieht so aus, dass wir durch die Interaktion mit unseren Avatar-Freunden und durch das „personalisierte" Interface tatsächlich immer einsamer werden. Die einzige „Berührung", die wir spüren, ist die Berührung unserer Tastatur oder unseres Touchpads. Eine „wirkliche" Kommunikation und Erfahrung mit menschlichen Wesen aus „Fleisch und Blut" wird immer schwieriger und immer traumatischer. Der Genius des Mediums und seiner „Ästhetik der Verführung" aber besteht darin, dass wir zwar effektiv immer isolierter werden, uns aber nicht einsam fühlen, weil das Bild, mit dem wir interagieren, uns die Realität der Isolation nicht spüren lässt. Im Gegenteil, wir sind glücklich und noch mehr „verbunden" in einem Universum, in dem wir ständig den virtuellen Bildern unseres Selbst durch die virtuellen Bilder der anderen ausgesetzt sind. Um noch einmal Eli Pariser zu zitieren:

> „Nie sind wir gelangweilt. Nie sind wir gereizt. Unsere Medien spiegeln unsere Interessen und Wünsche genau wider. Eigentlich eine ganz verlockende Aussicht – wie eine Rückkehr zum ptolemäischen Weltbild, in dem sich die Sonne und alles andere um uns drehen."[7]

---

[6] Ebd., 30.
[7] Ebd., 20.

Beide hier angeführten Beispiele für die „Ästhetik der Verführung" können uns helfen, die hier zugrunde liegende anthropologische Problematik zu verstehen. In dieser Ästhetik, auf der die Mehrzahl unserer heutigen (multi)medialen Bilder basiert, wird unser Menschsein zu einer Hyper-Individualität reduziert, oder genauer zu einer Hypertrophie des virtuellen Individuums, das seine Isolation genießt und tatsächlich seine Versklavung im Virtuellen. (War es nicht die Hauptlektion des *Großinquisitors,* dass die Sklaverei uns ein Gefühl von Sicherheit und Sinn gibt in einer Welt, die an *sich* ohne Sinn ist?)

Diese hyper(virtuelle) Individualität braucht keine „wirklichen" Menschen, deren Gegenwart frustrierend und belästigend sein könnte. Sollten sich Spuren einer störenden Gegenwart von anderen immer noch ihren Weg in unseren „personalisierten" virtuellen Raum bahnen, genügt ein Klick, um all jene störenden Präsenzen auszulöschen und fortzufahren, mit sich selbst zu interagieren unter dem Deckmantel eines „Sich-Öffnens" für andere.

Im Zentrum dieses Menschenbildes steht die „Ursünde" des Individualismus, die Sünde unserer Selbstbestimmung und unserer Selbsterfahrung, die nicht auf *Liebe* und *Gemeinschaft* mit anderen basiert, sondern vielmehr auf der Isolation von ihnen. Die Folge sind nachlassende Aktivität und Kreativität und weniger gelingende Interaktionen mit unseren Nächsten und entfernter stehenden Menschen. Um mit der Welt zu „interagieren" schalten wir unsere Fernseher oder unsere Computer ein und bekommen unterhaltende und attraktive Darstellungen der Welt geliefert, die so gestaltet sind, dass sie uns in unserer Selbstzentrierung festhalten. Sogar die „Nachrichten" sind oft genug verarbeitete, unvollständige und oft ganz falsche Darstellungen der uns umgebenden Welt.

Diese Bilder erfüllen jedoch ihren Zweck, indem sie in uns ohnmächtige Konsumfreuden hervorrufen oder im Gegenteil Angst und Schrecken, wie immer es gebraucht wird.

In Folge dieser schicken konsumistischen Individualisierung wird unser Gemeinwesen zunehmend atomisiert und besteht vermehrt aus passiven Betrachtern. Die Wirklichkeit, auch die sozio-politische Wirklichkeit, wird zu einer Wirklichkeit eines großen Showgeschäfts. Dieses Showgeschäft nutzt die „Ästhetik der Verführung" bis zum Äußersten aus, denn diese ist ein mächtiges Instrument, das fähig ist, selbst das Leiden – das der anderen und auch das eigene – in etwas Vergnügen Gewährendes oder wenigstes weniger Schmerzliches zu verwandeln.

Durch ihre vielfältigen Erscheinungsformen – Werbespots, Fernseh- und Webnachrichten, Talkshows, Hollywoodfilme, Facebook – macht uns die „Ästhetik der Verführung" zu Süchtigen der „Wohlfühl"-Ideologie.

Diese Ideologie fördert die Konsum-Mentalität und die Sucht nach immer neuen Reizen, die von den Bildern bereitgestellt werden. Sie befriedigt unsere verzweifelten Versuche, uns zu amüsieren, bis ihre wirksamen ästhetischen Reize unsere schöpferischen Impulse abgetötet haben, ebenso wie unser Verlangen nach anderen Menschen und der „rauen" Wirklichkeit in all ihrer Schönheit und Hässlichkeit. Das (falsche) Gefühl von Sicherheit, die Illusion von Sinnhaftigkeit, der Mangel an Sorge um den anderen und die Furcht vor dem Unangenehmen halten uns gefangen in dieser *unterhaltenden* und *verführenden* Ästhetik unserer heutigen Medienbilderwelt.

Gibt es eine Alternative? Können wir die Beziehung von Bild und Betrachter neu strukturieren, sodass sich für den Menschen eine andere Perspektive eröffnet?

Ich denke, dass es in der Tat viele verschiedene Ästhetiken gibt, die unterschiedliche Anthropologien widerspiegeln. Eine dieser Ästhetiken, die auf der Bejahung der menschlichen Freiheit und einer persönlichen Daseinsweise beruht, findet sich in den Ikonen, als eines besonderen Typus der religiösen Bildlichkeit. Diese Ästhetik nenne ich die „Ästhetik der Ekstasis", und ich präsentiere sie hier als Alternative zu der „Ästhetik der Verführung".

„Ästhetik der Ekstasis" oder Wie man Ikonen neu fasst. Auf dem Weg zu einem alten/neuen anthropologischen Paradigma

Ein prägendes Vorbild für diese Ästhetik findet sich in der Ästhetik des Kreuzes, deren Grundlagen bereits der Apostel Paulus im Ersten Brief an die Korinther gelegt hat.

> „Denn Christus hat mich nicht gesandt zu taufen, sondern das Evangelium zu verkünden, aber nicht mit *gewandten und klugen Worten,* damit das Kreuz Christi nicht um seine Kraft gebracht wird." (1 Kor 1,17)

Diese Textstelle kann, im Kontext der Gesamtlehre des Heiligen Paulus, als ein Versuch zur Vermeidung von Anreiz, Verführung und Unterhaltsamkeit als Mittel der Verbreitung des Wortes Gottes interpretiert werden.[8] Davon abzusehen, das Evangelium mit „gewandten und klugen Worten"

---

[8] Das ist so ziemlich das Gegenteil zu der Praxis vieler christlicher Prediger, die die Logik von Werbespots benutzen, um das Wort Gottes zu verbreiten, und dabei das Christentum und die christliche Mission vorrangig als eine andere Form von Marketing auffassen. Als Ergebnis einer solchen Sicht wird der Glaube zu einer weiteren „Wohlfühl"-Konsum-

508 (σοφία λόγου) zu verkünden, bedeutet die Bejahung der *Wirklichkeit des Kreuzes*. Diese *Wirklichkeit* besteht nicht in einer irgend gearteten ästhetischen Vollkommenheit, wenn wir darunter die Perfektion der formalen Erscheinung oder eine Perfektion von angenehmen sich selbst bestätigenden Empfindungen und Gefühlen verstehen. „Vollkommenheit" und „Vollständigkeit" haben, sowohl im Ästhetischen wie im Konzeptuellen, oft etwas Beherrschendes, manchmal sogar Totalitäres, an sich. Eine solche Erscheinung von „Vollkommenheit" braucht uns nicht, sie hat keinen Platz für unsere freie Teilhabe. In ihren ideologischen Dimensionen birgt „Vollkommenheit" das Potential zur Versklavung des Menschen, indem sie ihn in ein nützliches Objekt verwandelt, das *vollkommen* in einen umfassenderen (z. B. gesellschaftlichen) Mechanismus passt. Formale „Vollkommenheit" kann ebenso ein nützliches (und *rationales*) Mittel der Rechtfertigung des *Status quo* sein, denn in einem schon „vollkommenen" Universum muss nichts geändert oder in Frage gestellt werden.

Im Gegensatz dazu konfrontiert uns die *Ästhetik des Kreuzes* mit einem gewissen Mangel, sogar mit *Abstoßendem*, was man als Fehlen von Konformität verstehen kann. Das Kreuz bezeichnet die unschöne Wirklichkeit von Leiden und Tod. Es gemahnt uns an den „letzten Feind" (1 Kor 15,26), die letztendliche Wirklichkeit in dieser Welt.

Die Frage der Ästhetik wird hier unmittelbar in Beziehung zu der Frage nach der menschlichen Freiheit gesetzt. Weil sie nicht attraktiv ist, lässt diese Ästhetik Raum für menschliches Erkunden und freie Teilnahme. Durch das Kreuz kann die „nackte", „raue" und unangenehme Wirklichkeit als „schön" wahrgenommen werden, als etwas mit dem Potential, in das Reich Gottes zu gelangen. Durch ihre Nicht-Attraktivität und ihr Nicht-Überreden öffnet sie den Raum für unsere Freiheit und die schöpferische Teilnahme an ihr. Diese Ästhetik erinnert uns an das christliche Verständnis von Gott, der sich nicht in Kraft und Herrlichkeit, sondern in Schwachheit, Demut und Leiden offenbart hat, die der Vorgeschmack der zukünftigen Herrlichkeit sind. „Ich lasse die Weisheit der Weisen vergehen und die Klugheit der Klugen verschwinden" (1 Kor 1,19 mit Bezug auf Jes 29,14). Die „Unvollkommenheit" dieser Ästhetik schafft Raum für unsere aktive Teilnahme in ihr. Darum muss eine authentische christliche Ästhetik die „Vollkommenheit" im Stadium des zukünftigen Reiches Gottes suchen, in der Vollkommenheit der selbstentäußernden Liebe.[9]

ware, was die oben beschriebenen hyper-individualistischen anthropologischen Problematiken nicht vermeidet.

[9] Vgl. Mt 5,48.

Dies bringt mich nun zu den *Ikonen*, als dem zweiten Beispiel für eine „Ästhetik der *Ekstasis*", die ich hier erörtern möchte.

Im Kontext der orthodoxen christlichen Tradition bezeichnet „Ikonen" gewöhnlich einen besonderen Typus religiöser Bilder, die Heilige oder Ereignisse der Heiligen Geschichte darstellen.[10] Nach der Theologie der Ikonen, wie sie im byzantinischen Bilderstreit (8.–9. Jh.) formuliert wurde, bezeugen Bilder von Christus die Inkarnation Gottes als des Logos. Ikonen weisen auf die Wirklichkeit des Göttlichen Logos, der zugleich das Wort und das Bild Gottes ist.[11] Im Gegensatz zu Bildern, die der „Ästhetik der Verführung" folgen, halten Ikonen den Blick nicht fest. Ihr Zweck ist es, den Blick auf etwas zu lenken, das sie übersteigt.[12] Zu diesem Zweck verwendet die traditionelle Ikonographie eine Vielzahl von Mitteln, das charakteristischste ist die sogenannte „umgekehrte Perspektive". Sie erlaubt es, dem des Göttlichen Blicks bewussten Betrachter, sich dieser Welt mittels der Ikone von der Zukunft her zuzuwenden. Dies bewirkt, dass der Betrachter seine passive Rolle verliert, in der sich diejenigen befinden, die Bilder „nur betrachten". Stattdessen wird die Ikone eine Fläche, wo sich der Göttliche und der menschliche Blick in einer Interaktion begegnen, ein Ort der Begegnung zwischen der geschichtlichen und der eschatologischen Wirklichkeit.

---

[10] „Ikone" (Griechisch εἰκών) bedeutet ursprünglich „Bild" oder „Abbild". Nach Leonid Ouspensky bekam das Wort während der byzantinischen Ära eine spezifischere Bedeutung und meinte nun „jede Darstellung des Erlösers (Christus), der Mutter Gottes, eines Heiligen, eines Engels oder eines Ereignisses der Heiligen Geschichte, ob es sich nun um eine Skulptur oder ein Gemälde auf Holz oder an einer Wand handelte, ungeachtet der dabei angewandten Technik". *Leonid Uspenski:* Theology of Icon, Hilandar 2000, 11; (andere Ausgabe: *Léonide Ouspensky:* Theology of the Icon, Crestwood, NY 1992. Anm. d. Übers.).

[11] Der Sohn „ist das Ebenbild des unsichtbaren Gottes, der Erstgeborene der ganzen Schöpfung" (Kol 1,15). Da die „ontologische" Grundlage der Ikonen das Wort (der Logos) ist, werden Ikonen auch als „geschriebene Bilder" angesehen. Diese Christologie verhinderte die Trennung und die scharfe Unterscheidung zwischen „Bild(ern)" und „Wort(en)", die für viele der theologischen Diskussionen und kulturellen Hervorbringungen in der modernen Geschichte kennzeichnend ist. Da die orthodoxe Theologie grundsätzlich Ikonen nicht als autonome Bildnisse ansah, d. h. als etwas, das es wert wäre, für ihre ästhetischen Eigenschaften alleine betrachtet und genossen zu werden, verhinderte sie, dass Ikonen zu „Idolen" werden konnten, also etwas, das den Blick fest und auf sich gerichtet hält.

[12] In dieser Hinsicht entspricht der Unterschied zwischen Bildern, die die „Ästhetik der Verführung" benutzen, und Ikonen der Unterscheidung, die Jean-Luc Marion zwischen Bildern als „Idolen" und „Ikonen" macht. Siehe *Jean-Luc Marion:* God Without Being, Chicago 1995, 7–10.

In der Theologie und Ästhetik der Ikonen ist Vollkommenheit deshalb niemals vollständig „hier". Sie ist immer verborgen, da sie immer transzendent ist. In einem gewissen Sinne sind Ikonen notwendigerweise *defizitär*, da sie ein Zeichen der Unvollkommenheit sowohl des Betrachters als auch der Welt, in der wir leben, sind. Sie verweisen stets auf etwas, was nicht da ist, etwas jenseits ihrer Oberfläche – auf die Wirklichkeit, von der die Ikonen nur Exponenten sind, aber Exponenten, die diese Wirklichkeit re-präsent machen.

Die Begriffe „Ikone" und „ikonisch" bezeichnen in der orthodoxen Theologie nicht nur einen besonderen Typus der religiösen Bildkunst, sondern haben auch eine weiter gefasste Bedeutung. So sind die Liturgie und die Kirche *Ikonen* des kommenden Gottesreiches, der Mensch ist die *Ikone* Gottes, das Alte Testament ist die *Ikone* des Neuen Testaments, usw. Tatsächlich besteht die einzige Möglichkeit für die gesamte Schöpfung, eine „wirkliche" Existenz zu erlangen, darin, in eine ikonische Existenzweise einzutreten. Aber was ist eine „ikonische Existenzweise"?

Die einfachste Erklärung bestünde in der Aussage, dass es sich um eine *relationale Existenzweise* handelt, ähnlich wie im Falle der Ikonen, die als zweidimensionale Bilder in dem Sinne relational sind, als sie stets auf ihren Prototyp (Christus) und die Wirklichkeit der Communio des Göttlichen und des Menschlichen verweisen. Die *ikonische Existenzweise* anerkennt ganz und gar den Bildcharakter dieser Welt, nimmt aber zugleich in den Bildern dieser Welt deren *Prototyp* wahr, den Zweck und Grund ihrer Existenz. Man sollte also fähig sein, Gott in all Seinen Bildern (Personen) zu sehen, wie verzerrt auch das Bild sein möge. Der Zweck, der Ursprung und das Ziel der als eine Ikone verstandenen Welt ist immer das kommende Reich Gottes als eine eschatologische Wirklichkeit. Alle Ikonen *ikonisieren* deshalb das Reich Gottes, machen es zu einem „schon" aber auch „noch nicht" Gegenwärtigen und ermöglichen der Welt, eine *wirkliche* Existenz zu erlangen.

Das ist der Grund für den berühmten Satz des Patriarchen Nikephoros in der Zeit des Bilderstreits: „Wenn wir die Bilder abschaffen würden, würde nicht nur Christus ... sondern die ganze Welt verschwinden."[13] Bilder als Ikonen erweisen sich demnach als notwendig, um die Möglichkeit von Wirklichkeit aufrechtzuerhalten. Im Gegensatz jedoch zu ähnlichen Aussagen von Jean Baudrillard, Jacques Lacan oder Slavoj Žižek (wenn wir die Bilder abschaffen, „bleibt nichts mehr übrig") ist die Sicht auf den Menschen in der Theorie der Ikonen und die Funktion ihrer Ästhetik eine ganz andere, vor allem im Hinblick auf die profunde *Zentrierung* der Ikonen auf die *Person* und ihre eschatologische Bedeutung.

---

[13]   *Patriarch Nikephoros:* Gegen die Ikonoklasten (Antirretics), I, 244 D.

Die orthodoxe christliche Theologie ist in diesem Sinne wesentlich ästhetisch. In Anlehnung an einen Satz aus dem Film *V wie Vendetta* von James McTeigue könnte man sagen, es geht um den Logos, *den Du küssen, anfassen und festhalten kannst.* Es geht um Gott, der *blutet,* um Menschen, die *Schmerz empfinden.* Und vor allem geht es um Gott, der liebt und um diejenigen, die in Freiheit auf diese Liebe antworten.

Diese knappen Überlegungen über Ikonen, sowohl über ihre formale Struktur als auch über ihre Bedeutung im theologischen Diskurs, zeigen, dass wir es hier mit Bildern zu tun haben, die auf eine besondere, relationale Existenzweise als ihr grundlegendes anthropologisches Anliegen hinweisen. *Persönliche Existenz* bedeutet, dass ein einzelner Mensch seine einzigartige Identität nur erreicht, wenn er seine Isolation überwindet und mit anderen Menschen in eine Gemeinschaft tritt, in der seine besondere Existenz zu etwas Einzigartigen und Unwiederholbaren wird. Im Unterschied dazu sucht eine *individuelle Existenz* ihre Einzigartigkeit im Gegensatz zu anderen Menschen. Die ontologische Einzigartigkeit eines Individuums bedeutet dann nicht ein ekstatisches Sich-Öffnen auf andere hin, sondern vielmehr den Schutz der eigenen Besonderheit vor dem Eindringen der andern.

Die „Ästhetik der Verführung" setzt Menschen voraus, die atomisiert, passiv und individualisiert sind, und ist damit ein Reflex bestimmter anthropologischer Konzepte, die aus einer christlichen Perspektive eine ontologische Fehleinschätzung darstellen, weil sie das Ziel aller Existenz nicht im Blick haben. Ikonen setzen eine relationale Existenz voraus, als die einzige realistische Existenzweise, nicht nur für den Menschen, sondern sogar für Gott selbst. Eine solche Existenz basiert auf einer ekstatischen Überwindung des eigenen *Ich,* und selbst des eigenen Seins. Das ist die Logik der „Ästhetik der Ekstasis". Im Gegensatz zur „Ästhetik der Verführung" lassen sich Ikonen als Bilder verstehen, die die Freiheit und das schöpferische Erkunden des Betrachters bejahen, weil sie deren aktive Mitwirkung in einer ikonischen Existenzweise erfordern. Ikonen erfordern die Herstellung zwischenmenschlicher Beziehungen, die auf der ekstatischen und oft schmerzlichen „Überwindung" der eigenen Isolation und des eigenen Seins gründen. Sie werden wirksam im Glaubensakt, der fähig ist, Schönheit auch in Abwesenheit deutlicher Reize wahrzunehmen und Sinnhaftigkeit in selbstentäußernder Liebe zu finden.

Die Grundlehre einer „Ästhetik der Ekstasis" besteht darin, dass wir uns öffnen müssen für eine authentische und liebende Erfahrung des anderen; das ist der einzige Weg, unsere eigene Identität zu finden.

Übersetzung aus dem Englischen: Dr. Wolfgang Neumann

Dabei sein ist alles?

Die Kirchen, die Erlebnisgesellschaft und die Eventkultur

Johannes Röser[1]

„Die katholische Kirche ist sicher das älteste und erfolgreichste Showbusiness, das es gibt." Das erklärte der einstige Fernsehmoderator und Entertainer Alfred Biolek anlässlich seines achtzigsten Geburtstags. „Wenn man den Drang hat, sich zu präsentieren und theatralisch zu leben, dann ist die Kirche genau das Richtige."

Das scheint inzwischen auch die evangelische Kirche zu beherzigen. Daher reicht es nicht mehr, die Taufe als Aufnahme in die Gemeinschaft mit Christus und den Glaubenden bloß in einem Gotteshaus zu feiern. Der Himmel soll über allen aufgehen, möglichst am großen Wasser, am besten am See, am Fluss. Dazu gehört nicht nur ein Täufling, es braucht mehrere, möglichst viele. Johannes taufte Jesus am Jordan. Im Notfall tut es ein Freibad. Der Evangelische Pressedienst berichtete (am 14. Juli 2014): „Emilia zuckt ein wenig, als Pfarrer Jörg Muhm ihr mit nassen Fingern das Kreuz auf die Stirn zeichnet. Ein paar Meter entfernt sitzen Kinder und Erwachsene am Rand des Schwimmbeckens. Ein ganz besonderer Taufgottesdienst fand am Sonntag in Bruchsal-Heidelsheim bei Karlsruhe statt: Zehn Täuflinge im Alter von wenigen Monaten bis zwei Jahren wurden im Freibad in die evangelische Kirche aufgenommen."

Die Eltern sind begeistert und stolz. 350 Gottesdienstbesucher sind gekommen. Ein Bistrotisch auf der Liegewiese dient als Altar. Ein wenig erinnert es an Partystimmung. Die Leute sind an dem Ort versammelt, an dem im Sommer das Leben spielt. Der lokale Freibad-Förderverein hat anlässlich seines jährlichen Freibadfestes zur Teilnahme am Tauffest eingeladen. Welt

[1] Johannes Röser ist Chefredakteur der Wochenzeitschrift *Christ in der Gegenwart* (www.christ-in-der-gegenwart.de; Freiburg).

und Kirche – selten nur noch gehen sie so einträchtig zusammen. „Unser Ziel ist es auch, die Akzeptanz unserer Kirchen zu stärken", erklärte der Vereinsvorsitzende Andreas Bauer. Und der Sprecher der badischen Landeskirche, Daniel Meier, gibt sich überzeugt: Solche Aktionen könnten die Taufe als zentrale kirchliche Handlung wieder ins Bewusstsein der Menschen rücken. Für viele Eltern sei es nicht mehr selbstverständlich, ihre Kinder taufen zu lassen. Bei einer Gemeinschaftstaufe, noch dazu an ungewöhnlichem Platz, wo man sich nicht gleich von einer eingeschworenen Kirchengemeinde vereinnahmend „drangsaliert" fühlen muss, hätten auch kirchendistanzierte Eltern weniger das Gefühl „allein zu stehen". Der Vizepräsident des Kirchenamts der Evangelischen Kirche in Deutschland, Thies Gundlach, gibt sich etwas skeptischer, obwohl er gegen Freibadtaufen grundsätzlich nichts einzuwenden hat: Voraussetzung sei, dass es sich nicht um eine reine Spaßveranstaltung handelt, bei der der religiöse Sinn baden geht: „Ich könnte mir schon vorstellen, dass nicht jedes Schwimmbecken und nicht jede Situation im Schwimmbad geeignet ist."

Sehen und gesehen werden, wahrnehmen und wahrgenommen werden sind das Gesetz des Lebens, der Biologie der Körper: attraktiv sein, auffallen, beachtet werden. Der Mensch wird am Du zum Ich. Und über das Ich findet er zum Du. Dafür gibt es Mode, Schmuck, Komplimente. So funktioniert Beziehung, entwickelt sich Paarbildung, Erotik, Sexualität. Glauben ist die dichtestmögliche Beziehung – Vertrauen zu anderen, Vertrauen zum Göttlichen, zu Gott.

Der Homo sapiens braucht und wünscht die Blicke der anderen. Events – Ereignisse – helfen ihm, mit anderen in Kontakt zu treten. Inzwischen haben soziale Netzwerke wie Facebook das traditionelle Repertoire der Beziehungssuche und Beziehungsaufnahme global erweitert. Die bisherigen engen Grenzen von Herkunft, Familie, Verwandtschaft, Freundschaft, Nachbarschaft lassen sich leicht überschreiten, der Nahbereich ist gesprengt. Alle Menschen werden Freunde – und das ganz rasch, per Mausklick. Die Möglichkeiten, in eine breite Öffentlichkeit voller Ereigniswelten zu treten, sind endgültig demokratisiert, per Internet, PC, Notebook, Smartphone jedem und jeder jederzeit verfügbar. Tägliche Events sorgen für Beschleunigung.

Der Einzelne wird von den Internet-Giganten als den Hohenpriestern der Algorithmen und der von ihnen „ganz persönlich" zugeschnittenen – eher wohl manipulierten – Massenkommunikation umgarnt, umsorgt und umhegt, begleitet, geleitet und behütet. Deshalb geben die Leute in höchster Vertrauensseligkeit und Sorglosigkeit selbst das Privateste über ihre Daten der öffentlichen Anschauung preis. Ja, man wünscht sich sogar, durch möglichst viele Blicke von Anderen, Fremden, Unbekannten – Friends ge-

514 nannt – angeschaut, wahrgenommen zu werden. Das anonyme weltweite Netz – für „Laien" ebenso wie Gott unsichtbar, ungreifbar, geheimnisvoll, eine riesige Unbekannte – steht bereit: „Ich werde gesehen, also bin ich." Wo Gott einst den – biblischen – Menschen fürsorglich in Obhut nahm, das Auge Gottes alle Regung beobachtete und die Hand Gottes alles lenkte, richtet das jetzt die Friends-Gemeinde mithilfe der Ober-Überwacher-Konzerne. Der Wiener Theologe Jan-Heiner Tück befürchtet sogar, dass der „Exhibitionismus im Netz" als aufregender Dauer-Event ein „Symptom der Gottvergessenheit" sein könnte. In der „Neuen Zürcher Zeitung" (21. Juni 2014) schrieb er: „Die Bereitschaft, sich zu entblößen, sich freiwillig durch elektronische Augen und Ohren ausspähen zu lassen, gehört zu den erstaunlichsten Phänomenen der Gegenwart … Für viele ist es wichtig dazuzugehören, mitzumachen, nicht allein zu sein. Für manche sind Mitwisser, Mitleser und Voyeure sogar erwünscht, sie bieten die Bühne, auf der man sich selbst inszenieren kann." Der Mensch lebt „vom Ansehen der Menschen. Aber dort, wo er um jeden Preis auffallen will, wo er krampfhaft um Aufmerksamkeit buhlt, scheint er das Auge Gottes aus dem Blick verloren zu haben".

Die Erlebnisgesellschaft – ob mit oder ohne IT-Support – geht an den Kirchen jedenfalls nicht spurlos vorbei. Ereignisse bestimmen die Freizeit und den Beruf. Alles wird zum Event oder kann zum Event werden, wenn man es nur richtig anstellt und mitmacht, bis in die intimsten Sphären hinein. Zum Beispiel die Geburt. Die „Frankfurter Allgemeine" zitierte die Werbe-Versprechungen eines Pränatalmediziners und Gynäkologen: „Die Geburt Ihres Kindes wird das grandioseste Erlebnis Ihres Lebens!" „Aber was, wenn nicht?", fragte die FAZ-Autorin Melanie Mühl (27. Februar 2014). „Es kann einem schon so vorkommen, als fokussierten sich der Planungsenthusiasmus und Optimierungswille vieler Angehöriger der gebildeten Mittelschicht auf zwei Großereignisse: die Hochzeit, mit deren akribischer Vorbereitung manche Paare bereits ein Jahr vor dem tatsächlichen Termin beginnen, und die Geburt eines Kindes. Beides unvergessliche, mit Glückszwängen aufgeladene Lebensmomente, beides wichtige Projekte, deren Verwirklichung perfekt über die Bühne gehen muss, ganz so, als läge das Gelingen tatsächlich in der Informationsanhäufung und fehlerfreien Vorbereitung – also in den eigenen Händen. Begriffe wie ‚Schicksal' sind dabei fehl am Platz."

Erlebe dein Leben, lebe es aus! So heißt der kategorische Imperativ der Erlebnisgesellschaft. Was Spaß macht, ist spannend. Und wenn es nur ein „Ladies Day" für „Schneehäsinnen" auf dem Feldberg des winterlichen Schwarzwalds ist – ein Tag lang Event einzig für Frauen von Frauen und mit Frauen. Es zählt, was Lust weckt, Langeweile vertreibt, in Erregung versetzt, zur Aktivität antreibt, die Freizeit immer wieder durch Neues unterbricht.

Kein Lebensbereich ist davon ausgenommen. Wer immer denselben Lebenspartner, dieselbe Lebenspartnerin hat, dem entgeht das meiste. Wer ein Auto nur kauft, weil sein altes nicht mehr durch den TÜV kommt, ist ein Langweiler. Wer denkt, Seife sei Seife, hat nichts begriffen. Denn man sollte schon zu unterscheiden wissen, auf was man sich beim Waschen einlässt: auf wilde Frische oder cremige Zartheit, auf erotische Inspiration oder Naturbelassenheit.

Auch die Tugenden haben sich in dieser Weltsicht von Event zu Event verändert. Einst zählten Standfestigkeit, heute gilt Abwechslung. Früher war Pflichtbewusstsein das wichtigste, jetzt ist es Spontaneität. Nachdenklichkeit musste der Betroffenheit weichen, Skepsis der Begeisterung. Den Nervenkitzel von ehemals steigert inzwischen der „Kick" oder gleich der „Thrill". Die Erlebniswelt des Normalbürgers mag bescheiden sein. Doch bescheiden darf er sich nicht. Dem Gesetz des fliegenden Wechsels entgeht niemand. Die Werbung macht es vor. Immer neue Animateure, Ratgeber, Service-Anbieter stehen bereit. Die Mode sorgt dafür, dass jeder und jede sich im wechselnden Trend jeweiliger Einheitlichkeit als unverwechselbar individuell empfindet. Mit jeder Kollektion fürs Kollektiv Massenmensch verkünden die Sprachrohre der Modemacher von Frühling zu Sommer, zu Herbst, zu Winter, zu Frühling ... immer dasselbe: Diesmal sei alles anders. Denn jetzt gilt: Erlaubt ist, was gefällt, worin ich mich wohlfühle ... Jetzt bin ich individuell endlich so gekleidet, wie ich schon immer individuell gekleidet sein wollte, wenn auch Millionen andere gleichförmig individuell mit mir dieselbe Mode teilen.

Die Freizeitindustrie setzt Jahr für Jahr Milliarden Euro um mit vorgetäuschter Erlebnis-Individualität, die nichts anderes ist als Massenware. Das Besondere dabei ist eigentlich nur, dass jeder an das Besondere glaubt. Im ständigen Wechsel der Wünsche, Bedürfnisse, Erlebnisse, Glücksempfindungen, Beziehungen wird am Ende der Körper zur alleinigen Konstante im Leben, zur letzten Brücke zwischen dem Ich und der Um-Welt. Dieser Körper wird ständig neu in Szene gesetzt. Allzeit erotisch muss er sein, attraktiv, schlank, sportlich, fit for fun ... Der Event des kollektiven Exhibitionismus wird zum Zwang, zur Obsession, zur Neurose.

Längst ahnen die Nachdenklichen aber auch: Die Spaßarenen und Freizeittempel öffnen uns mit der Dauer auch nur immer denselben Spalt zum mehr oder weniger selben „Glück". Abwechslung folgt auf Abwechslung – und ödet irgendwann an. Die reißerisch propagierten Traumwelten, Traumstrände, Traumschiffe, Traumreisen, Traumautos, Traumfiguren, Traumgewinne, Traumdiskotheken, Traumtheater, Traumzirkusse, Traumkneipen und Traumhochzeiten enden im immer schneller drehenden Traumerleben meistens recht schal.

Aber wer gar nichts erlebt, keine Erlebnisse anbietet oder sich auf dieses Spiel mit der Illusion nicht einlassen will, gerät ins gesellschaftliche Abseits. Insbesondere die Religion leidet darunter. Denn sie ist „langweilig". Das setzt die Kirchen, die Glaubensgemeinschaften unter Zugzwang. Sie wollen „mithalten", um die Auszehrung durch Auszug aus dem gottesdienstlichen Leben zumindest etwas zu bremsen. So besinnt man sich darauf, Altbekanntes neu zu inszenieren, weil das für eine neue Generation vielleicht schon wieder derart exotisch ist, dass es als aufregend attraktiv gilt: Pilgern, Wallfahren zum Beispiel. „Ich bin dann mal weg." Es muss nicht unbedingt der Marsch nach Santiago de Compostela sei, auch wenn die Anregung dazu unterstützend von Prominenz, „von draußen" kommt, manchmal von „Esoterikern", die diesen Weg vorschlagen, um sich selber – innerlich – zu finden. Gott vielleicht weniger.

Manchmal reicht schon die Ausstellung einer „Reliquie", um wieder Massenevents zu starten. Die Präsentation des angeblichen Untergewands, des „Leibrocks" Christi, bewegte zuletzt Scharen nach Trier – inzwischen mit erheblicher evangelischer Beteiligung, weil der magisch-volkstümliche Wunderglaube und Reliquienkult von einst zur „Christuswallfahrt" umdeklariert wurde, was reformatorisches Misstrauen und reformatorische Ablehnung milder stimmt. Der evangelische Pfarrer und Catholica-Referent am Konfessionskundlichen Institut des Evangelischen Bundes in Bensheim, Martin Bräuer, zitierte in der Zeitschrift „Una Sancta" (4/2013) den EKD-Ratsvorsitzenden Nikolaus Schneider: „Nicht die Wallfahrt und nicht der Heilige Rock sind der große Schatz, den Gott uns Menschen geschenkt hat, sondern allein die uns von Gott geschenkte ‚Erkenntnis der Herrlichkeit Gottes in dem Angesicht Jesu Christi' (2 Kor 4,6b)! Wallfahrt und Heiliger Rock sind nur ‚irdene Gefäße', also Menschenwerk, weder anbetungswürdig noch heilsentscheidend!" Doch – so ergänzt Bräuer: „Auch unter evangelischen Christen werde das Pilgern neu bewertet. Es sei „als Glaubenspraxis oder als Suche nach spiritueller Erfahrung ... neu entdeckt". Pilgerfahrten seien Ausdruck einer Religiosität, die auf Instabilität und Unsicherheiten in der postmodernen Gesellschaft antwortet.

Kirchentage und Katholikentage sind längst mehr als nur Wallfahrtsersatz. Diese Events haben sich zu großflächigen religiösen „Jahrmärkten" der Erbauung entwickelt. Die Auszeiten im Trubel der Geschäftigkeit schenken wieder etwas mehr vom Leben. Dabeisein ist alles, auch hier.

Das Getümmel und Gedrängel, Körper an Körper auf der säkularen Fanmeile bei einer Fußball-Weltmeisterschaft wiederum kann für den, der nur recht daran glaubt, ebenfalls zu einem Erweckungserlebnis werden.

Der Sieg der deutschen Mannschaft bei der WM in Brasilien war für viele Fans laut Deutung des Frankfurter Stadionpfarrers Eugen Eckert eine religiöse Erfahrung, wie der Evangelische Pressedienst meldete (14. Juli 2014). Das entscheidende 1:0 von Mario Götze im Endspiel sei für die Zuschauer „eine kollektive Erfahrung der Erlösung" gewesen. Ein Götze wurde zum Fußballgott. Abschwächend fügte Eckert allerdings hinzu: Fußball sei natürlich keine Religion. „Es gibt aber religiöse Elemente, die sich im Fußball widerspiegeln und die Sehnsucht von Menschen beschreiben." Wenn sie etwas Wunderbares erleben, würden sie erstaunlicherweise immer wieder auf Begriffe und Bilder der Religion zurückgreifen. Lebt Religion also weiter – wenn auch nur noch als Kondensat in diesseitigen Gefühlswelten und in Ritualwelten ohne Gott?

Tatsächlich hat die katholische Kirche mit ihrer reichen Tradition an Sinnlichkeit, Schaufrömmigkeit und Exotik bei religiösen Masseninszenierungen noch einen gewissen Vorsprung: Zum Event *Heiligsprechung zweier Päpste* kamen Hunderttausende in die „ewige Stadt" Rom, wenn auch nicht so viele, wie ursprünglich erwartet. 2005 zog das öffentlich-medial inszenierte Sterben von Johannes Paul II. emotionsstark die Menschen an – bis hin zu nahzu hysterischen Reaktionen der Menge, die auf den Petersplatz strömte.

Neben Weltjugendtagen mit Gebetswachen und „ausgesetztem Allerheiligsten" im Schaugerät Monstranz können Papstgottesdienste weiterhin mit die meisten Menschen anlocken – unter den Neugierigen nicht selten sogar die Gebildeten unter den Verächtern der Religion. Da hilft es wenig, wenn Papst Franziskus mahnte, ein Gottesdienst dürfe kein touristischer Event sein. In der Eucharistiefeier gehe es stets darum, in das Mysterium Gottes einzutreten. In einer seiner Frühmessen im kleinen Kreis im vatikanischen Gästehaus erklärte Franziskus laut Katholischer Nachrichten-Agentur (10. Februar 2014): „Ich bin sicher, dass ihr alle hierhergekommen seid, um in das Mysterium einzutreten; aber vielleicht sagt ja jemand: Ah, ich muss zur Messe ins Gästehaus Santa Marta gehen, weil zum Touristenausflug nach Rom gehört, den Papst in Santa Marta zu besuchen." Die Liturgie sei kein „sozialer Akt", sie sei eine „reale Vergegenwärtigung, das heißt eine Gotteserscheinung".

Wo der Papst nicht „zieht", ziehen motorisierte Maschinen. In Hamburg findet jedes Jahr der weltweit größte Gottesdienst für Motorradfahrer statt, mit Predigt im Michel, einem anschließenden Konvoi sowie einem Fest mit Live-Musik. Um die 40.000 Biker kommen jedesmal.

Immerhin versammelten sich einige hundert Personen im „Totenmonat" November zu einem Gothic-Gottesdienst, der in der Dorotheenkirche von Nortrup-Loxten bei Osnabrück gefeiert wurde. Die Gesichter der Beteiligten seien schwarz geschminkt gewesen, blass gepudert, die Kleidung schwarz, mit Metallketten und Sicherheitsnadeln verziert. Der Evangelische Pressedienst war vor Ort und berichtete (am 11. November 2013): „In der Kirche wehte ein Hauch von Vergänglichkeit, stilgerecht wiesen Grableuchten den Besuchern den Weg in die Kirchenbänke … Der Pastor hatte neben dem Altarraum eine Großbildleinwand aufbauen lassen, über die von DVD Musikvideos mit lautem Gothic-Rock oder eigene Videos flimmerten. Scheinwerfer tauchten die sonst abgedunkelte und nur durch Kerzen erleuchtete Kirche in weißes, rotes oder grünes Licht. Nebelschwaden stiegen auf und hüllten den Pastor im schwarzen Talar teilweise ganz ein. Harte Rock-Bässe wechselten mit klassischen Orgelklängen, Vaterunser und Segen mit Gedichtlesungen und Theaterszenen über Zweifel, Melancholie, Einsamkeit und Erwartungen anderer." Das Thema des Gottesdienstes war Selbstfindung: „Ich würde so gerne wissen, wer ich bin." Einer der Macher begründete die skurrile Inszenierung fast entschuldigend: „Das neue Schlagwort heißt doch Inklusion."

Als Event im weltlichen wie im kirchlichen Leben nicht zu übertreffen sind Trauungen: Auch da hatte die Nachbarschaft von Osnabrück, die Matthäuskirche in Hunteburg, einiges zu bieten, eine Disney-Hochzeit. In grüne Kleider gehüllt standen die Prinzessin und der Froschkönig vor dem Traualtar. „Die Ringe ruhten auf Micky-Maus-Kissen", meldete der Evangelische Pressedienst (24. Januar 2014). „Elfen, Feen und Zauberer verfolgten jede Bewegung." Das Brautpaar kam aus der „Branche", sie sind Musical-Darsteller. „Hochzeiten mit individuellen Inszenierungen haben Konjunktur. Auch die Kirchen tragen diesem Trend Rechnung, Auf Hochzeitsmessen sind sie häufig vertreten." Je weniger junge Leute kirchlich heiraten und je mehr Ehen geschieden werden, umso stärker die kirchliche Werbebemühung.

Demgegenüber kommen Fastnachts- oder Karnevalsmessen mit Büttenredenpredigt schon geradezu altbacken daher. Sehr originell ist es auch nicht mehr, wenn bei der Internationalen Automobilausstellung in Frankfurt am Main eine mobile Kirche zur Besinnung einlädt: „Von Sprit bis Spirit." Und ob Luther-Bonbons die Reformation wirklich schmackhafter sowie Luther-Wanderwege oder Lutherzwerge die Dramatik religiöser Paradigmenwechsel tatsächlich sinnenfälliger machen, steht dahin. Auch die Nacht der Kirchen richtet wenig aus, wenn die Nacht Gottes Gott für die Menschen unplausibel werden lässt. Schließlich: Was sollen die sonntags immer geöffneten Gotteshäuser als Konkurrenzware denn noch Aufregendes anbieten, wenn die Allerweltswaren der gelegentlich sonntags geöffneten Kaufhäuser genau an diesem Tag den Massen derart exklusiv und höchst begehrenswert erscheinen wie sonst die ganze Woche über nicht, in der sie genauso auf dem „Gabentisch" bereit liegen. Sonntag ist eben Sonntag. Nirgendwann sonst wirkt der Kapitalismus so heilig wie am heiligen „siebten" Tag, an dem für die Shopper alles ganz anders ist, obwohl alles genauso ist wie montags, dienstags, mittwochs …

Noch klingt es wie Zukunftsmusik – aber weit ist es wohl nicht mehr hin: Am Sonntagmorgen greift der „Gottesdienstbesucher" noch im Bett zu einem Tablet-Computer und nimmt interaktiv teil am virtuell-realen „Gemeinde"-Gottesdienst. Die Predigt kann man herunterladen und seine Kommentare dazu abgeben. Wer will, liest sie alle. Der Pfarrer mittendrin statt nur dabei. Ob der im März 2014 in der „Badischen Zeitung" für Freiburgs östlichen Stadtteil angekündigte „Folkloretanz mit dem Pfarrer" unter dem Motto „Die Grenzen Europas tanzend überschreiten" großen Anklang gefunden hat, entzieht sich leider der Kenntnis des Autors. Aber gemessen an dem, was an kirchlichen Events möglich erscheint, sind die Pfarraktivitäten wohl lange noch nicht ausgeschöpft.

Allerdings scheint sich zusehends auch Skepsis in die sich ausbreitende Eventkultur zu mischen. Der Bamberger Erzbischof Ludwig Schick meinte: „Eine Event-Mentalität lässt den Glauben nicht reifen." Es brauche eher Regelmäßigkeit und Treue. Wie aber soll man – bildlich gesprochen – auf diese Weise nicht bloß dem einen verlorenen Schaf nachgehen, während man die anderen 99 sicher glaubt, sondern den inzwischen verlorengegangenen 99 Schafen, während nur noch eins ausharrt im behütenden und behüteten „Stall" der „Mutter Kirche"?

Am Ende der Erlebnisspirale hat der Mensch ein Erlebnis freilich immer noch nicht entdeckt: die aufregende Monotonie, die spannende Langeweile, die Stille, die Ruhe, die Langsamkeit, die Wiederholung, die Einsamkeit, den Rhythmus – ja die Kontemplation, die Meditation, die innere Anschauung und Beschaulichkeit. Da aber beginnen jene Ereignisse, die sich nicht beliebig „machen" lassen. Da kommt mit der Langeweile das vielleicht doch exotischste Abenteuer über den Menschen, die schärfste Anspannung, die nachhaltigste Erregung: der Traum vom Letzten, vom Eigentlichen – von Gott. In den Erlebnissen hinter den Erlebnissen wird das Leben nochmals spannend: aus dem Erleben von Religion, in der versammelten Kraft der Konzentration. Hier kann sich eine besondere Intelligenz, eine außergewöhnliche Einsichtsfähigkeit entwickeln, die weitere Intelligenz freisetzt und formt: Intelligenz des Glaubens, Intelligenz durch Glauben.

Der Dreh- und Angelpunkt christlichen Lebens ist und bleibt die Hoffnung auf Auferstehung, das ewige Leben bei Gott – gefeiert in der Liturgie. Wie aber kann die Gottessehnsucht modern und moderner gefeiert werden? Wie kann die Hoffnung auf ewiges Leben zeitgemäß in religiösen Riten, in Liturgien inszeniert werden? Wie kann sich der lebendige, dynamische Gott Jesu Christi in unserer Freizeit- und Erlebniskultur voller Lebensbejahung und Jugendlichkeit erfahren und darstellen lassen?

Das Alte Testament wie das Neue Testament sprechen von einem „jugendlichen Gott", einem Gott und Freund des Lebens, der die Umkehr und Befreiung des Menschen will, nicht seinen Untergang, nicht die Verdammnis des Sünders. Dieser Gott der Erlösung, ja der Lebenslust wird in Gottesdiensten gefeiert. – Gefeiert?

Unser Leben ist in vielen Bereichen zum Spiel geworden, in einem guten Sinn auch zum Schauspiel. Die Liturgie selbst wurde einst als Spiel verstanden, als heiliges Spiel und Schauspiel, in dem das Drama der Heilsgeschichte – Leiden, Sterben und Auferstehung Jesu Christi – veranschaulicht wird. Was aber „spielt sich ab" in unseren Gottesdiensten?

Die Erneuerung des Glaubens geschieht in der Wiederholung, die Erinnerung des Heilsgeheimnisses in seiner Vergegenwärtigung. Das wäre in einem christlichen Horizont eine wichtige Aufgabe: Gott, die Gottesgeburt in Jesus Christus und die Verheißung des Heiligen Geistes bewegend feiern mit den besten kreativ-künstlerischen Kräften und Inspirationen der Gegenwart.

Die gebildeten Athener hatten einen Altar ihres Heiligtums „einem unbekannten Gott" geweiht. Paulus greift auf dem Areopag die Ahnung der frommen Leute auf, dass es noch etwas Ganz-Anderes geben könnte, das sie mit ihrem gewohnten, üblichen Kult nicht verehren. Der Apostel lenkt den Blick auf die Schöpfung: „Gott, der die Welt erschaffen hat und alles in ihr, er, der Herr über Himmel und Erde, wohnt nicht in Tempeln, die von Menschenhand gemacht sind. Er lässt sich auch nicht von Menschen bedienen, als brauche er etwas: er, der allen das Leben, den Atem und alles gibt." In Leib, Seele und Geist feiert der Mensch bereits den unbekannten Gott. Paulus verdichtet die Einsicht hymnisch: „Denn in ihm leben wir, bewegen wir uns und sind wir, wie auch einige von euren Dichtern gesagt haben. Wir sind von seiner Art."

Zu welcher Liturgie des unbekannten Gottes aber öffnen sich Glaubenssuchende oder christlich Glaubende im dritten Jahrtausend – fast vierzehn Milliarden Jahre nach dem Urknall, sechs Millionen Jahre nach Entstehung der ersten affen-menschen-ähnlichen Lebewesen, hunderttausend Jahre, nachdem der Homo sapiens über die Erde zu pilgern lernte? Ein durch das Feuer der Aufklärung gewandeltes, geläutertes und weiterentwickeltes religiöses Bewusstsein für heute verlangt eine Liturgie, die unbequem ist wie unsere Unruhe, aufmüpfig wie unsere Sehnsucht, laut wie unsere Verzweiflung, still wie unsere Erwartung. Es braucht Gottesdienste und Gottesdienstreformen, in denen wir neu lernen können, achtsam zu sein, zu staunen, zu beten und vor allem – wirklich zu feiern: angesichts des Todes die Auferstehung, das ewige Leben, die Neuschöpfung der Unsterblichkeit in der Sterblichkeit, durch sie hindurch. Wir brauchen dazu auch eine experimentelle Liturgie, die das Experiment des Lebens, Gottes Ja zum Leben, hineinspiegelt in Herz und Kopf, in unsere Sinne, in unsere Seele – mit den besten Kräften der Kunst, der Musik, der Dichtung, der Wissenschaft der Gegenwart. Die Eucharistie, das Abendmahl, worin Christen die Auferstehung Jesu Christi und die eigene Hoffnung auf Auferstehung feiern, ist das beste Geschenk dieser Glaubensüberlieferung an die Welt. Dieses wiederzugewinnen als Geheimnis des Glaubens und als Frucht des Wissens – das fordert Theologie und Kirche heraus.

Auf vielerlei Weise hat der bewegte Beweger Gott im Lauf der Evolution zu den Vätern und Müttern gesprochen. Alle Liturgie beginnt mit einer Erschütterung darüber, dass nicht Nichts ist, sondern Etwas, Vieles, Alles: Leben, Sprache, Bewegung, Sehnsucht, Lieben, Fühlen, Denken, Sein und Wandel – die Gaben der Erde, die Früchte der Schöpfung für unsere Existenz.

Unsere Sprache, dieses einmalige Phänomen der Schöpfung, trägt die Spur der Ursprache des unbekannten Gottes. Sprache aber steht nicht fest. Sie entwickelt sich. Sprache wird durch Sprechen. Die Würde Gottes ist der lebendige Mensch. Die Würde des Menschen ist der lebendige Gott. Solche Sprache treibt ins Verstummen. Solches Schweigen treibt zum Sprechen, Jubeln, Lobpreisen dessen, den die Himmel nicht fassen und nicht die Himmel der Himmel, um wieviel weniger dieses Haus unserer Welt, unseres Denkens und Fühlens, unseres Gehirns, dieses Haus unserer Feste und unserer Kommunikation mit und ohne Worte.

Der Theologe Karl Rahner meinte, die moderne Hinführung zum Heiligen, zum Geheimnis des Glaubens könne dem Menschen „die Angst nehmen vor der Anfechtung, er erschrecke nur vor den Projekten seiner eigenen Sehnsucht in die Ungeheuerlichkeit des leeren Nichts hinein, wenn er anfängt, Gott anzurufen und ihn, den Unsagbaren, zu nennen … Solche Mystagogie muss uns konkret lehren, es auszuhalten, diesem Gott nahe zu sein, zu ihm ‚Du' zu sagen, sich hineinzuwagen in seine schweigende Finsternis …" (Vgl. „Frömmigkeit früher und heute", „Schriften zur Theologie", Bd. 7.) Mehr Kult wagen! Mehr Liturgie wagen!

Das schließt das Experimentelle ein, verlangt aber nach Konzentration, nach Verdichtung. Der presbyterianische Theologe und Kirchenhistoriker Carl R. Trueman vom Westminster Theological Seminary in Pennsylvania erklärte in der Zeitschrift „Gottesdienst" (2/2014): „Das Problem des christlichen Gottesdienstes in der heutigen Welt, ob katholisch oder protestantisch, ist nicht, dass er zu unterhaltsam ist, sondern dass er nicht unterhaltsam genug ist. Gottesdienste mit peppiger Rockmusik, stand-up comedy, schönen Menschen, die auf einer Bühne stehen und reden, und einem gewissen Maß an Fernsehsentimentalität – all das verneint eine klassische Form der Unterhaltung, die uns sagt: ‚Mitten im Leben sind wir vom Tod umfangen‘.“

Das Problem sei, dass wir das Tragische, die Tragödie, den Tod als zentrale Lebenserfahrung und als wesentlichen Teil des christlichen Gottesdienstes aus ihm verdrängt haben – und damit das, was das Christusgeheimnis ausmacht: Jesu Leben, Leiden, Sterben und seine Auferstehung. Die Menschen seien immer von tragischen Erzählungen angezogen worden wie auch von komischen, wenn sie unterhalten werden wollten, so Trueman. Der christliche Gottesdienst müsse die Menschen in die Tragödien von Schuld und Sünde eintauchen lassen. „Er sollte uns eine Sprache zur Verfügung stellen, die es uns erlaubt, den Gott der Auferstehung zu preisen und gleichzeitig das Leiden und die Agonie zu beklagen, die unser Los in einer von ihrem Schöpfer entfremdeten Welt ist. Er sollte dadurch unsere Sehnsucht verstärken – unsere Sehnsucht nach der einzigen Antwort auf die eine große Herausforderung, der wir uns alle früher oder später stellen müssen.“ Daher sollten sich die Kirchen nicht dem Projekt der Ablenkung und Zerstreuung anschließen beziehungsweise anbiedern, sondern die Erfahrung der Katharsis, der Reinigung und Läuterung, ermöglichen. Trueman: „In den großen Liturgien der Kirche wirft der Tod einen langen, kreativen und kathartischen Schatten. Unser Gottesdienst sollte die Realität eines Lebens reflektieren, das dem Tod begegnen muss, bevor es die Auferstehung erfahren kann.“

Tatsächlich seien in dieser Hinsicht die weltlichen Medien – etwa das Kino – den Kirchen manchmal weit voraus, aufregender, packender, ergreifender, erschütternder. Die Kirchen würden da häufig trivialer erscheinen als die populäre Event-Unterhaltungskultur.

Der verstorbene polnische Philosoph Leszek Kołakowski vermutete, dass sich die Bedeutung des Christentums daran entscheidet, die Nacht des schweigenden, abwesenden Gottes wieder in die Mitte des Glaubenslebens zu nehmen. Die heutige Zivilisation beruhe auf der nicht ausgesprochenen Übereinkunft, dass der Event, das Vergnügen das höchste, wenn nicht das einzige Gut sei. „Doch das kann das Christentum auf keinen Fall hinnehmen, wenn es sich nicht den Todesstoß versetzen will“ (zitiert in: „Christus erwacht in den Eliten?“, CHRIST IN DER GEGENWART, 2/2005). Papst Innozenz III. habe vor seinem Tod (1216) einen Traktat „Über das Elend des menschlichen Schicksals“ verfasst: „Heute scheint die Kirche dieses Thema vergessen zu haben. Es scheint, als ob sie sich ihrer Zeit anverwandeln wolle, indem sie uns suggeriert, es würde auf der Welt immer lustiger. Ich bin aber keineswegs der Meinung, dass es immer lustiger wird." Die Kirche von heute solle Innozenz III. folgen und „vom Elend des menschlichen Schicksals sprechen, selbst auf die Gefahr hin, sich lächerlich zu machen oder sich dem dummen Vorwurf auszusetzen, die Kirche kenne das Leben nicht".

Das Christentum habe Zukunft, wenn es das Wort Gottes auf eine Art verkündet, die es lebendig werden lässt, die das Gewissen erreicht, Menschen erschüttert. Die Zukunft hängt – so Kołakowski – davon ab, jenes Wort durch Vorbild und Glauben zu öffnen, „insbesondere unter jungen und gebildeten Menschen". Das Christentum werde „gerettet werden, aber Heilige, nicht Bürokraten werden es retten, gute Menschen, nicht aufgeblasene Hasser, verschiedene Gemeinschaften von Gläubigen, die sich am Rande der Kirche oder außerhalb – wenn auch nicht allzuweit weg – von ihr befinden".

Der Publizist und ehemalige Kulturstaatsminister Michael Naumann sagte einmal: Hauptaufgabe der Kirche sei es, die Gottesfrage in der säkularen Gesellschaft wachzuhalten, sie wieder zu wecken. Allein dadurch könne das Christentum für moderne Menschen wieder attraktiv werden, dass es die Fähigkeit hat, „die Sehnsucht nach dem Numinosen, Rätselhaften, Unerklärbaren zu stillen" (Interview mit „Evangelische Kommentare", September 1999). Die Kirche sei leider viel zu sehr „zu einer sozialen Dienstleisterin des in einer entfremdeten Gesellschaft lebenden Menschen geworden". Soziale Hilfe und Moralappelle an die Werte sind nicht unwichtig. Doch soziale Dienstleistung sei nicht die zentrale Aufgabe des Christseins, vielmehr – so sagt es Naumann mit einem theologischen Ausdruck: „die Vorbereitung auf das Eschaton", also die Vorbereitung auf das Reich Gottes, auf das ewige Leben. Hier – in der Hoffnung auf ewiges Leben bei Gott, auf die Auferstehung von den Toten – liegt der Kern, der Dreh- und Angelpunkt des Ereignisses, des „Events" Christsein.

Über die Zukunft des biblischen Gottesglaubens und damit auch des liturgischen, gottesdienstlichen, spirituellen Lebens entscheidet nicht ein optimierter Dienstleistungsbetrieb Kirche mit möglichst vielen Events, sondern die Fähigkeit, Blockaden innerster Wahrnehmung zu öffnen, abzubauen. Die Gottesahnung braucht Resonanzräume, Bewegungsräume, Schwingungsräume, um sich sprachlich – und das heißt auch symbolisch – zu entwickeln und weiterzuentwickeln. Dazu muss jeder Einzelne Verantwortung wagen, heraustreten aus selbstverschuldeter religiöser Unmündigkeit, aus eigener Ignoranz und Bequemlichkeit. Jeder hat für sich selbst Mut zu gewinnen, sich auch auf dem Feld der Gottesfrage, der Gottessehnsucht und damit im religiösen Feiern, im Beten, im spirituellen Leben des eigenen Verstandes zu bedienen.

Schaut auf diese Bilder!

Evelyn Finger[1]

Deutsche Redaktionen wehren sich gegen Gewaltfotos aus dem Irak. Jetzt werden sogar Opfer gepixelt. Doch geht es nur um Pietät? Um die Abwehr von Propaganda? Oder haben wir Angst vor der Realität?

Von dem Mord an den Kindern David und Mirat gibt es keine Fotos. Als die Bombe auf das Haus der Familie Alijas in Karakosch fiel, spielten die beiden Cousins im Garten. Es war der 6. August 2014, eine Woche zuvor waren sämtliche Christen aus der irakischen Stadt Mossul vertrieben worden, aber offiziell herrschte kein Krieg. Als die Explosion die Kinder in blutige Einzelteile zerriss, waren keine Kriegsfotografen vor Ort. Der „Islamische Staat" marschierte von Mossul nach Norden, und das Haus der Alijas war der erste Treffer in Karakosch. Ein Warnsignal. Darauf folgte ein apokalyptischer Exodus, 100.000 Christen flohen allein aus der Region Ninive, doch weil sie aller Habe, auch ihrer Handys beraubt wurden, gibt es kaum Bilder. Die toten Kinder, das Entsetzen der Eltern, die Vergewaltigungen auf der Flucht: Familie Alijas, die nach Erbil entkam, kann wie so viele andere Flüchtlinge ihr Leid nur mit Worten schildern. Vielleicht dauerte es deshalb mehrere Wochen, bis die Vertreibungen den Westen interessierten.

Wo es keine Bilder gibt, da gibt es keine Geschichte. Das ist das Gesetz des modernen Zeitungsmachens. Ein Krieg, von dem es keine Fotos gibt, hat nicht stattgefunden. Eine Vertreibung, von der wir nur hören, schafft es nicht auf die vorderen Seiten. Erst Bilder beglaubigen, was Journalisten be-

[1] Evelyn Finger ist Journalistin und leitet das Ressort „Glauben und Zweifeln" bei der Wochenzeitung „Die Zeit".

ÖR 63 (4/2014), S. 524–527

richten. Bilder zeigen, warum ein Thema relevant ist. Und manchmal erklärt ein kleines Foto im Tweet-Format genauer als eine ganze Reportage, womit wir es zu tun haben: zum Beispiel dieses Porträt eines Kämpfers vor sieben abgeschlagenen Köpfen, die auf einen Zaun gespießt sind. Diesen Tweet abzudrucken, darauf konnte sich die Redaktion der ZEIT nicht einigen. Trotzdem lohnt ein Blick auf das Grauen.

Wir sehen Abu Abdel Rahman al-Iraki, Kämpfer für den „Islamischen Staat", einen kleinen Mann mit üppigem Bart und geschorenem Haupthaar. Sein lavendelblaues Obergewand lässt ihn fast mönchisch wirken. Ernst, ja traurig blickt er in die Kamera und hat dabei den IS-Zeigefinger mahnend erhoben. Es ist, als wollte er uns voller Besorgnis vor einer Gefahr warnen. Doch die Gefahr ist er selbst. Seine Warnung eine Drohung. Sieben Köpfe syrischer Soldaten, die so nah hinter ihm aufgespießt sind, dass er sie berühren könnte. Es ist eine Höllenszene – aber nicht wie bei Hieronymus Bosch. Denn hier fehlt der ästhetische Filter, das Element der Komposition, das das Grauen ins Unwirkliche entrückt.

Der „Islamische Staat" aber ist real. Wir sehen die Leichenflecken auf den zerquälten Gesichtern, die halb offenen Münder. Ein achter Kopf gehört zu einem Mann, der hinter dem Zaun entlanggeht. Wahrscheinlich war es das, was Hannah Arendt mit „Banalität des Bösen" meinte: die Beiläufigkeit, mit der das Schlimmste geschieht und das Leben doch weitergeht. Dieser kleine Tweet trifft uns mit derselben Erkenntnis wie die Fotos aus Auschwitz: Was hier geschieht, ist abgrundtief böse.

Das Bild zeigt Menschen, die ihre Unmenschlichkeit demonstrieren. Einen anderen Zweck hat es nicht. Man mag behaupten, der IS möchte mit solchen Tweets Stärke beweisen – Feinde abschrecken und Sympathisanten werben. Das wäre der Zweck der klassischen Propaganda. Doch diese Propaganda ist nicht klassisch, nicht werbend. Wer die Prämisse der Täter nicht teilt, dass das islamistische Schreckenstheater im Irak gerechtfertigt, ja gottgewollt sei, der fühlt sich abgeschreckt und begreift: Das Böse ist böse, weil es sinnlos ist. Das Böse verweist einzig und allein auf sich selbst.

Wir wollen den Begriff des Bösen nicht überstrapazieren, nachdem George W. Bush ihn als Kampfbegriff nutzte beim Einmarsch in den Irak. Bushs Krieg gegen das Böse mündete in der Veröffentlichung von Folterbildern aus dem amerikanischen Gefängnis Abu Ghraib. Auch sie zeigten das Böse, verübt von amerikanischen GIs. Die Fotos, fotografiert von den Tätern, wurden zu Ikonen eines falschen Feldzugs. Es waren aufklärerische Bilder, nicht weil sie die Amerikaner als böse entlarvten, sondern weil sie bewiesen, dass das Unmenschliche menschenmöglich ist. Immer.

Auch die grausigen Bilder vom „Islamischen Staat" könnten in diesem Sinne alarmierend wirken. Warum tun deutsche Redaktionen sich so schwer, sie abzudrucken? Vorvergangene Woche, als ein Video von der Enthauptung des amerikanischen Journalisten James Foley erschien, entbrannte sogleich die Diskussion, was man davon zeigen dürfe. Das war richtig, insofern es sich um Gewaltpropaganda handelte, die wir Medienmacher nicht fraglos reproduzieren oder gar zum sinistren Vergnügen des Publikums ausstellen wollen. Doch als mehrere Redaktionen beschlossen, das Gesicht des Opfers zu pixeln, mit dem Argument, nur so sei dessen Würde zu wahren, wurden die Argumente allmählich fragwürdig.

Angenommen, das Video von der Ermordung James Foleys ist echt – was einige Verschwörungstheoretiker im Internet bezweifeln, aber die großen internationalen Bildagenturen bislang nicht. Also angenommen, Foley musste tatsächlich mit geschorenem Kopf in der Wüste knien und auf seine Enthauptung warten: Warum sollte es falsch sein, in einem sogenannten *still*, einem Standbild, den vermummten Mörder mit erhobenem Messer zu zeigen und daneben Foleys gefasstes Gesicht? James Foley bemühte sich ungemein tapfer um Haltung. Er wahrte sein Gesicht angesichts der Peiniger. Die nachfolgende Enthauptung macht ihn zwar zum Opfer. Doch entwürdigend ist die Tat nicht für das Opfer, sondern für den Täter. Entwürdigend ist auch nicht das Foto der Tat, sondern die Tat selbst. Sie, nicht das Bild, ist die Überschreitung eines Tabus, ein Akt totaler Selbstentfremdung.

Wieso also sollen wir ausgerechnet das Gesicht des Opfers verstecken? Manche Kollegen sagen jetzt, Enthauptungen ebenso wie Vergewaltigungen würden die Opfer nicht nur „entwürdigen", sondern „entehren". Stimmt das? Die Opfer, indem sie Ohnmacht ertragen müssen, werden zwar gedemütigt und gequält. Doch das Erleiden von Gewalt ist eine Entehrung nur aus der Perspektive der Macht. Aus der Perspektive der Friedfertigkeit muss der Mensch sich nicht schämen für sein Leid, sondern allenfalls für Gewalt. Diese Erkenntnis sehen wir nun seit 2000 Jahren im Bild Jesu Christi. Warum hängt der Gekreuzigte ungepixelt und mit blutenden Wundmalen in Tausenden Kirchen? Nach christlichem Verständnis erlöst sein Leiden die Welt. Aber auch wer kein Christ ist, kann an Christus erkennen, dass sich nicht das Opfer verstecken muss. Wenn wir jetzt die Vermummung von Foleys Mörder durch eine Verpixelung des Opfers ergänzen, ist das nicht nur falsche Scham, sondern auch eine Verhüllung des Leidens.

Geht es vielleicht genau darum: Haben wir Angst vor der grausigen Realität? Es gibt Kriegsfotografen wie den Deutschen Christoph Bangert, die die Erfahrung gemacht haben, dass ihre schlimmsten Kriegsbilder nie gedruckt, sondern als *war porn* aussortiert werden. Die Redaktionen wollen ihre Leser lieber nicht verschrecken durch zuviel blutige Realität. So zeigen sie gern distanzierte Fotos: nicht das Grauen des Krieges, sondern das Drama. Etwas Inszeniertes, Geschöntes. Ist das nun im Sinne der Opfer?

Die Opfer des „Islamischen Staates", die wir auf dieser Seite zeigen, wurden ihrer Freiheit beraubt und wehrlos gemacht. Wer die nackten syrischen Gefangenen sieht, die von Schergen des IS in die Wüste getrieben werden, ihrer Erschießung entgegen, der versteht erst, was der Philosoph Giorgio Agamben mit dem schwierigen Begriff des *Homo sacer* meinte: einen vogelfreien Menschen, dessen nacktes Leben jedweder Gewalt preisgegeben ist. Sein Schicksal erinnert uns daran, dass wir sterblich sind und mehr als sterblich: verletzbar in einer tiefen, umfassenden Weise.

Wollen wir uns diese Einsicht nicht wenigstens zumuten? Es gibt Kollegen, die sagen, wir sollten die Bilder von Kreuzigungen im Irak nicht zeigen, sondern lieber beschreiben. Doch Sprache ist nun einmal abstrakt. Wie Wittgenstein sagt: „Die Grenzen unserer Sprache sind die Grenzen deiner Welt." Wo aber die Sprache der Welt nicht gerecht wird, kommt es auf den Gestus des Zeigens an, auf die Evidenz der Bilder. Sie sind die Signatur der modernen Kommunikation, das Ausdrucksmittel unserer Zeit.

Wenn blutige Bilder des IS jetzt das Internet überfluten, ist das jedenfalls noch kein Argument dafür, sie außerhalb des Internets niemandem zur Kenntnis zu geben. Was von Tätern selbst zu propagandistischen Zwecken hergestellt wird, ist in einer Zeitung nicht automatisch Propaganda, sondern ein Beleg. Schwierig bleibt die Verifizierung, doch auch wo sie nicht ganz gelingt, wo wir nur wissen, dass der IS selber der Urheber ist, spricht die Selbstdarstellung der Gewalttäter für sich: Wir erfahren, wie der IS sich sieht, wie der IS sein will, wie der IS seiner Meinung nach ist. Wer als Zuschauer daran eine pornografische Faszination fasst, der hat die Grenze zum sogenannten Bösen bereits überschritten.

Was ist böse? Der Kulturtheoretiker Terry Eagleton hat erklärt, dass das Böse dem freien Willen entspringt und zugleich rätselhaft bleibt. Es ist kein vollkommenes Rätsel. Aber es transzendiert unsere sozialen Verhältnisse. Es will vernichten, weil es vernichten will. Es wendet sich, wie Eagleton sagt: gegen das Sein als solches. Es ist metaphysisch. Deshalb kann es nicht rational erklärt, es muss auch gezeigt werden.

Denn unser Wissen über die Welt bildet die Grundlage unseres Handelns. Ohne die Erkenntnis dessen, was IS ist, bleiben die Menschen im Irak allein und dem Grauen ausgeliefert. Deshalb sollten wir die Bilder des Grauens anschauen. Einige wenigstens.

Ikonen als Elemente politischer Symbolik

Die Problematik der Nutzung von Heiligen Bildern in modernen orthodoxen Gesellschaften

Alexandra Ruppel-Herdt[1]

Die bürgerkriegsähnlichen Zustände auf dem Euromajdan in Kiew, die durch die Proteste in der Ukraine seit dem 21. November 2013 entflammten, gehören wahrscheinlich jetzt schon zu einer der größten europäischen politischen Katastrophen des Jahres 2014. Die Proteste eines Teils der ukrainischen Bevölkerung, die durch die Ankündigung des ukrainischen Präsidenten, das Assoziierungsabkommen mit der Europäischen Union nicht unterzeichnen zu wollen, ausgelöst wurden, eskalierten rasch zu gewaltsamen und blutigen Auseinandersetzungen zwischen den oppositionellen politischen Organisationen und Parteien, unter Mitwirkung von Vertretern der Ukrainisch-Orthodoxen Kirche des Kiewer Patriarchats sowie der Ukrainischen Griechisch-Katholischen Kirche, und der ukrainischen Regierung und ihren Sonderpolizeieinheiten. Die Opposition forderte unter anderem die Amtsenthebung von Präsident Wiktor Janukowytsch, damit die Abwendung von der von ihm praktizierten gemäßigt russlandfreundlichen Politik. Sie verlangte vorzeitige Präsidentschaftswahlen sowie die Unterzeichnung des Assoziierungsabkommens mit der Europäischen Union.

Die Teilnahme einiger ukrainischer kirchlicher Institutionen, wie etwa der Ukrainisch-Orthodoxen Kirche des Kiewer Patriarchats unter Führung des Metropoliten Filaret II., der 1997 vom Moskauer Patriarchen exkommuniziert und kirchenrechtlich verdammt wurde, ist insofern nicht überra-

---

[1] Alexandra Ruppel-Herdt ist wissenschaftliche Mitarbeiterin für Geschichte des 19. und 20. Jahrhunderts unter besonderer Berücksichtigung Mittel- und Osteuropas an der Helmut-Schmidt-Universität, Universität der Bundeswehr Hamburg.

schend, als sie seit ihrer Gründung (1992) die Autokephalie anstrebt, diese jedoch nicht gewährt bekommen hat.[2] Was allerdings überrascht, ist die Anwesenheit bzw. die „Ausstellung" von Ikonen, die zum Teil zu den ältesten Motiven aus den Zeiten der Kiewer Rus' zählen, auf der für die Oppositionsführer aufgebauten Bühne auf dem Unabhängigkeitsplatz (Maidan Nesaleshnosti). Es handelt sich dabei vor allem um Kopien von Ikonen bzw. Mosaiken aus der Sophienkathedrale in Kiew und insbesondere um zwei ikonographische Darstellungen, die für die orthodoxe ikonographische Tradition von großer kultureller und gesellschaftlicher Bedeutung sind. Beide Motive, das Mosaik der Gottesmutter Orans sowie das Bild des Christus Pantokrator, stammen ursprünglich aus dem 11. Jahrhundert.[3]

Die Sophienkathedrale, deren Baubeginn auf das Jahr 1037 datiert werden kann, ist uns als eines der herausragendsten Bauwerke ostchristlicher Kultur bekannt. Nach der Nestorchronik, einer zentralen Quelle über die Entstehung der Rus', kehrte der Großfürst Wladimir der Heilige (980–1015), ein Nachkomme Ruriks, nach seiner Taufe (988) in der Basileuskirche in Chersones, einer byzantinischen Festung auf der Halbinsel Krim, die er kurz davor erobert hatte, mit Ikonen, liturgischen Gefäßen und Kreuzen, begleitet von byzantinischen Priestern, Baumeistern, Malern und Handwerkern, nach Kiew zurück.[4] Zur Festigung eines kulturellen Austauschs mit Byzanz ließ Wladimir dort zahlreiche und bedeutende Bauten, darunter auch die Sophienkathedrale entstehen. Bis zur Errichtung der Sophienkathedrale in Nowgorod (1045–1050) war die Kiewer Sophienkathedrale das wichtigste Zentrum des geistigen, politischen und kulturellen Lebens der Kiewer Rus' und somit ihrer christlichen und kulturellen Bedeutung nach dazu berufen, von der Weisheit des Christentums und der Festigung der politischen Macht der Rus' zu künden. Damals war sie das Zentrum der ostslawischen Metropolie, ein Symbol der Souveränität der Rus', ihres militärischen Ruhms sowie gesellschaftlichen Wohlstandes. Kulturell sollte der Bau der Sophienkathedrale jedermann den Anspruch der Kiewer Rus' auf Gleichrangigkeit mit Byzanz und seiner „Hagia Sophia" in Konstantinopel

---

[2] *Klaus Wyrwoll:* Drei orthodoxe Kirchen in der Ukraine. Ein Land am Rande, siehe: www.oki-regensburg.de/ukraina.htm (aufgerufen am 25.07.14).

[3] Vgl. bspw. *Konrad Onasch, Annemarie Schnieper:* Ikonen. Faszination und Wirklichkeit, München 2007, 156; *Dmytro Stepowyk:* Istorija ukrains'koji ikony X–XX stolit', Kiew 2008, 152 f.

[4] Vgl. *Walter Felicetti-Liebenfels:* Geschichte der russischen Ikonenmalerei in den Grundzügen dargestellt, Graz 1972, 13.

sichtbar vor Augen führen. Hier fanden unter anderem die Krönungen der Kiewer Fürsten statt, tagte die Kiewer Volksversammlung (Veče), und die Kirche diente als ein Empfangsort für Staatsgäste, wo Hofzeremonielle durchgeführt wurden.[5] Im Jahr 1934 wurde der Gebäudekomplex der Sophienkathedrale als kirchliche Einrichtung geschlossen und zum „Staatlichen Reservat Sophien-Museum" umgewandelt. Nach dem Zerfall der Sowjetunion unternahm die Regierung des ukrainischen Staates den Versuch der Resakralisierung der einst mächtigsten Kathedrale der Ostslawen, was allerdings an Unstimmigkeiten und Streitereien innerhalb der ukrainischen orthodoxen Gemeinschaft scheiterte. Seitdem ist sie wieder ein Museumskomplex, der auch zum Weltkulturerbe der UNESCO gehört.[6]

Auch als Museum spielt die Kathedrale nach wie vor eine wichtige gesellschaftliche Rolle und wird unter dem Einfluss verschiedener Parteien, Organisationen und Gruppierungen zunehmend zu einem Symbol der eher „problematischen" Geschichte zwischen Russland und der Ukraine sowie zu einem Propagandainstrument im Kampf um die eigenen Interessen unterschiedlicher politischer und religiöser Akteure. Sie ist als ein Russland und die Ukraine verbindendes, aber auch trennendes Element aufzufassen. Verbindend ist die Sophienkathedrale insofern, als sie einst nicht nur als Zentrum von Kiew (als der Hauptstadt der heutigen Ukraine), sondern als Zentrum der gesamten Rus' mit ihrer (damals noch nicht) „multinationalen" ostslawischen Bevölkerung galt. Trennend und konfliktgeladen, weil es denen, die sich mit der Geschichte der Ostslawen nicht auskennen, nicht klar ist, ob nun Russland oder die Ukraine auf sie Anspruch hat.

An diesem Beispiel wird deutlich, dass etwas, was eigentlich die Pflege frommer Religiosität ermöglichen soll, der Vermittlung beliebiger politischer Parolen bzw. Unterstützung bestimmter politischer Strömungen dienen kann, so dass man von einem Missbrauch liturgischer Elemente sprechen kann. Diese Beobachtung lässt sich ebenfalls auf die Kiewer Ikonen sowie Mosaiken übertragen.

Bei dem Einsatz von Ikonen auf dem Majdan ging es offenbar nicht nur um die besondere Ikonenfrömmigkeit orthodoxer Gläubigen, sondern um die Politisierung der Ikonen, die neben den Heiligen Büchern zu den wichtigsten Informationsträgern aber auch -vermittlern religiöser Inhalte der Orthodoxie, und somit der Religion überhaupt zählen. Nun nutzt man im-

---

[5] Vgl. *Nadia Nikitenko:* Swjajtaja Sofija Kiewskaja, Kiew 2008, 30 ff.
[6] Vgl. *dies.:* Sofijskij sobor. Putewoditel', Kiew 2011, 17–21.

mer öfter Religion als Rechtfertigungsideologie terroristischer Gewalt oder auch als Beleg für die Exklusivität einer bestimmten Nation.[7] Ikonen als Repräsentanten des orthodoxen Glaubens, deren Hauptfunktion, auch nach der maßgeblichen theologischen Darlegung zur Ikonentheologie des arabisch-christlichen Theologen Johannes von Damaskus (670–750), die Verbreitung und regelrechte Pflege des orthodoxen Christentums sei,[8] werden mit derartigen Aktionen zunehmend missbraucht und sinken somit auf das Niveau eines politischen Symbols herab, dessen Wirkungsmacht enorm ist und das der Legitimierung von weltlichen Machtansprüchen dient.

Die politische Funktion der Ikonen sowie ihr Einsatz in politischen Machtkämpfen sind bis heute insbesondere für Osteuropa wissenschaftlich wenig untersucht. Dieser Aspekt ist bemerkenswert, wenn man bedenkt, dass die funktionale Grenze zwischen religiösen und politischen Symbolen genauso durchlässig ist, wie zwischen Religion und Politik im Allgemeinen, und dass mit bestimmten Ikonen, wie zum Beispiel der Gottesmutter Orans aus der Sophienkathedrale oder der Gottesmutter von Wladimir (11.–12. Jh.), orthodoxe Gläubige gar einen Teil ihrer bürgerlichen Identität verbinden.[9]

Noch vor dem Aufkommen des Christentums setzten die Hohepriester heidnischer und später jüdischer Kulturkreise religiöse Symbole zur Legitimierung, aber auch Verstärkung ihres politischen und sozialen Einflusses sowie ihrer Macht ein. Die „Konstantinische Wende" im 4. Jahrhundert veränderte nicht nur die Staatsreligion sowie die gesellschaftliche Struktur des Römischen Imperiums sondern auch die Mittel der Repräsentation kaiserlicher Macht. Nach dem Aufblühen des Christentums wurden religiöse Bilder bzw. Symbole der christlichen Liturgie, wie zum Beispiel das Kreuz oder das Christusbild, zu einem ausdrucksstarken Medium himmlischer Herrschaft, auf der die Kaiser ihre irdische Macht aufbauen wollten.[10] Auf diese Weise verbreitete sich u. a. mit Hilfe von Ikonen nicht nur das Christentum, sondern auch die Idee der besonderen Stellung des Kaisers, die zur Legitimierung seiner Machtansprüche sowie zur Steigerung seiner Popularität aber auch seines außen- und innenpolitischen Einflusses führen sollte.

---

[7]   *Thomas Meyer:* Religion und Politik. Ein belebtes Spannungsfeld, Bonn/Berlin 2007, 2.
[8]   *Martin Tamcke:* Das Orthodoxe Christentum, München 2004, 68 f.
[9]   Ebd., 67.
[10] Vgl. *Martin Büchsel:* Gott offenbart sich im Bild, in: Credo: Christianisierung Europas im Mittelalter, Bd. 1, Ausstellungskatalog Paderborn 2013, 75.

Vermutlich haben die Kiewer Fürsten nach der Christianisierung der Rus' (988) die besondere Wirkungskraft religiöser Medien erkannt und sie alsbald eingesetzt. In den ältesten bis heute erhaltenen Quellen über die Entstehung der Rus' (10.–11. Jh.) finden sich Berichte über die ersten dahin gebrachten Ikonen.[11] Einige Forscher gehen davon aus, dass es auch schon früher Ikonen gab, die vor allem aus Byzanz in die Rus' gelangten.[12] Der größte Import von Heiligen Bildern fand dennoch unter dem Fürsten Wladimir dem Heiligen statt.

Dabei waren religiös konnotierte Abbilder (von Götzen) den heidnischen Rus'-Bewohnern auch vorher vertraut. Kurz nach der Eroberung Kiews im Jahr 980 ließ Wladimir auf einem Hügel über den Fluss Dnjepr und in Nowgorod zum Zwecke der Repräsentation sowie der Sicherung seiner großfürstlichen Zentralmacht Holzidole mit silbernem Kopf und goldenem Bart, die er dem altslawischen Donnergott Perun widmete, aufstellen. (Nach der Christianisierung der Rus' trat der alttestamentliche Prophet Elias in vielem die Nachfolge Peruns an.) Diese beiden Idole wurden im Zuge der Christianisierung bereits 988/989 zerstört. Sie wurden also für wirkungslos erklärt und damit war die Einsetzung des altslawischen „Olymps" keine Maßnahme von Dauer.[13] An ihre Stelle traten aber nun in einer ganz ähnlichen Funktion Ikonen und Fresken, die einen Hintergrund für emotionales und ästhetisches Erleben boten und den ideologischen Einfluss „in seiner allseitigen Mannigfaltigkeit des Sichtbaren und Hörbaren"[14]

---

[11] In der ersten Nowgoroder Chronik („Synodalhandschrift"1016–1333/1352) finden sich Berichte über die aus Byzanz nach Kiew gebrachten Ikonen, aber auch in der bereits erwähnten „Nestorchronik" (Povest' vremennych let), die allerdings erst am Anfang des 12. Jh. in der Redaktion Sylvesters, eines Abtes aus Kiew, aus mehreren früheren Quellen kompiliert wurde. Onasch vertritt jedoch die Meinung, dass „es kaum anzunehmen sei", weil zu der Zeit in der Rus' solche Monumentalmalereien wie Fresken und Mosaiken die eigentlichen „sinnlich-materiellen Abbilder eines unsinnlich immateriellen Urbildes", d. h. eine Art „Ersatz" für Ikonen gewesen seien (vgl. *Onasch/Schnieper*, a. a. O., 76).

[12] Zu erwähnen wären an dieser Stelle solche Autoren wie: Walter Felicetti-Liebenfels, Andrzej Poppe sowie viele osteuropäische Forscher, darunter auch Viktor Nikititsch Lazarew, Nikodim Pawlowitsch Kondakow, T. B. Wilinbachowa, Irina Petrowna Bolotcewa usw.

[13] Vgl. *Konrad Onasch:* Groß-Novgorod, Aufstieg und Niedergang einer russischen Stadtrepublik, Wien 1969, 17 ff.

[14] *Andrzej Poppe:* Die Bekehrung und das Christentum im Reich der Rus', in: 1000 Jahre christliches Rußland. Zur Geschichte der Russisch-Orthodoxen Kirche, hg. v. *Thomas Meyer*, Recklinghausen 1988, 32.

leisteten. Somit übernahmen ikonographische Darstellungen die repräsentative sowie die die Fürstenmacht legitimierende Funktion der Idole. Letztendlich waren Ikonen diejenigen Mittel, die neben der Kyriliza die Christianisierung der ostslawischen Stämme vorantreiben und verfestigen sollten sowie den Triumph der Orthodoxie im Zeichen des Sieges der Ikonodulen repräsentieren. Auf diese Weise sollten auch die auseinanderstrebenden ostslawischen Stämme zusammengehalten werden. Und zwar einerseits durch eine gemeinsame Schrift, die allerdings nur der Intelligenz zugänglich war, und andererseits durch Sachen, die allen verständlich waren. Das waren die Ikonen, eine besondere Schriftart, über die der Herrscher mit seinen Untertanen korrespondierte.

Ikonen werden geschrieben und gelesen. Sie sind also ein Konversationsmittel zur Vermittlung von Inhalten unterschiedlichster Art. Auch politische Inhalte lassen sich damit hervorragend transportieren. Somit können Ikonen, auch wegen ihres unerklärbaren Mysteriums, von dem sie umgeben sind, in einem Staat, in dem das orthodoxe Christentum wegen seiner engen Verbundenheit mit den Nations- sowie Kulturbildungsprozessen eine besonders wichtige Rolle spielt, auf dem gesamten Territorium weit verbreitet ist und als Machtargument dient, als ein ziemlich wirksames Instrument ideologischer Auseinandersetzung in politischen Kämpfen eingesetzt werden. Vor allem wenn es sich um ein analphabetisches bzw. unmündiges Publikum handelt, sind sie durchaus in der Lage, Symptome einer blinden Idolatrie hervorzurufen und breitere Volksmassen zu erreichen bzw. sie zu beeinflussen.

Die Ikone kommt wegen ihrer individuellen Gestalten, ihrer bekannten Szenen und ihrer Nähe zum Betrachter einem tiefen seelischen Bedürfnis der Menschen entgegen.

Seit dem Mittelalter richteten die Orthodoxen der Kiewer Rus' ihre ganze Aufmerksamkeit auf die Ikonen, und diese galten ihnen nun als Quelle der göttlichen Eingebung.[15] Bis heute besitzt die Ikone in der ostslawischen, d. h. auch ukrainischen und russischen Orthodoxie eine immense Bedeutung, weil sie nicht nur ein Kultgegenstand bzw. ein Gegenstand der bildenden Kunst ist, sondern weil sie den Anspruch erhebt, das Göttliche und somit das Unbegreifliche abzubilden und es im Sinne der Vergegenwärtigung „lebendig" zu machen. Ikonen sind der Weg des orthodoxen Menschen zur Wirklichkeit, weil erst durch Phantasie, durch Vor-

---

[15] Vgl. *Tamara Talbot Rice:* Russische Ikonen, London 1963, 8.

stellung und Darstellung von Bildern das unerklärbare Mysterium der Religion zur Wirklichkeit wird. Nach Überzeugung und Praxis der östlichen Kirchen wird den Ikonen – über die bloße Abbildung des Heiligen hinaus – eine eigene besondere Heiligkeit zugewiesen, dem Charakter von Reliquien vergleichbar. Daher genossen und genießen solche Bilder in ihrer Materialität eine besondere Verehrung, und sie sind über die allgemeine Frömmigkeitspraxis hinaus auch in der Liturgie der Ostkirche verankert.[16] Überdies nehmen die Ikonen als integraler Bestandteil des Glaubenslebens und der Alltagswelt der Orthodoxen einen erheblichen Einfluss auf die Vorstellungswelt des Kirchenvolkes. Für viele ist die Ikone das Bild einer Paradieswelt, zu der man nur durch strenge Übung einer körperlichen wie auch geistigen Askese gelangen kann.[17] Demzufolge versuchten die Orthodoxen zu allen Zeiten in einer Weltordnung mit Hilfe von Ikonen ihren Platz zu finden, um ihr Leben dementsprechend zu gestalten.

Man muss sich bewusst machen, dass für die orthodoxen Gläubigen kirchliche Kunst nicht nur eine Angelegenheit der Ästhetik ist. Jede einzelne Ikone trägt in sich ihren besonderen Sinn und hat einen bestimmten Zweck zu erfüllen. Dies sieht man unter anderem auch am Beispiel des Apsismosaiks der Gottesmutter Orans in der Sophienkathedrale in Kiew. Die ungefähr sechs Meter hohe Figur Marias befindet sich im Zentralraum der 1039 eingeweihten Kathedrale.

Die Ursprünge dieses bestimmten Typus eines Marienbildes der christlichen Ikonographie finden sich schon in den römischen Katakomben des 2. Jahrhunderts.[18] Die orthodoxe Kirche preist die Gottesmutter als die von Gott gesegnete Kathedrale, die in sich Gottes Weisheit enthält und darum auch unzerstörbar ist. Dies proklamiert auch die gewaltige altgriechische Inschrift über der Oranta, die das Halbrund der Apsis trägt: „Gott ist in ihrer Mitte. Sie wird nicht wanken. Gott hilft ihr, wenn der Morgen anbricht" (Psalm 46,5).

Maria ist ganzfigurig in Orantenhaltung (mit ausgebreiteten Armen) dargestellt. In der altkirchlichen Kunst bedeutete die Oranten-Darstellung die Stellung des Betens, die auch bei Nichtchristen üblich war. Die drei

---

[16]   Vgl. *Eckhard Leuschner/Mark R. Hesslinger* (Hg.): Das Bild Gottes in Judentum, Christentum und Islam, Petersberg 2009, 46.

[17]   Vgl. *Jean Marcade/Christopher Walter* (Hg.): Alte Kunst der Menschheit. Ikonen – Die bedeutendsten Schulen – Die Ikone und der orthodoxe Geist, Genf 1974, 11.

[18]   Vgl. *Stefan Heid:* Gebetshaltung und Ostung in frühchristlicher Zeit, in: Rivista di Archeologia Cristiana 82 (2008), 356.

Sterne auf ihrer blau-goldenen Gewandung symbolisieren ihre Jungfräulich-keit. Vor allem im Laufe der Entwicklung der Lehre von der Gottesmutter-schaft Marias wurde dieses Bild auf sie bezogen. Nicht zuletzt auch als Symbolfigur der „Mutter Kirche" fand sie in der Monumentalmalerei weite Verbreitung.[19] Die Gottesmutter Orans wurde von den orthodoxen Gläubi-gen der Rus' gleichzeitig als Vermittlerin zu Gott und Fürbitterin der Rus' wahrgenommen. Die Bewohner der Kiewer Rus' glaubten sogar, dass „пока стоит в Софии Оранта, будет стоять и Киев" („Solange die Gottesmutter Oranta in der Sophienkathedrale steht, solange steht Kiew").[20] Allerdings ist an dieser Stelle mit Kiew nicht nur die Hauptstadt der Kiewer Rus' ge-meint und nicht etwa die Hauptstadt der heutigen Ukraine, sondern das ostslawische christliche Staatsgebilde der Kiewer Rus'.

Interessanterweise hielten sich auch die sowjetischen Propagandisten an diese Tradition, als sie 1981 die größte Statue Kiews, eine Darstellung der „Mutter Heimat", über Stadt und Dnepr ihre Arme ausbreiten ließen. Die nach den Projekten von Evgeni Vutschetitsch und Wassili Borodaj er-stellte Figur hält zwar in Erinnerung an den sowjetischen Sieg im Zweiten Weltkrieg noch Schwert und Schild in den Händen, folgt aber sonst der Oranten-Tradition.

Heute wird die Patronatsfunktion Orantas sowohl von den ukraini-schen als auch russischen Orthodoxen anerkannt, für einige im Kontext der Ukraine, für die anderen in dem Russlands. In der heutigen Ukraine wird unter anderem auch in Schulen sowie Universitäten aber auch mit li-terarischer Hilfe die Vorstellung verbreitet, dass die Gottesmutter Orans rein ukrainischen Ursprungs sei,[21] dabei lässt man die Tatsache außer Acht, dass es zu ihrer Entstehungszeit keine Trennung der beiden Staaten Russ-land und Ukraine gab, die überhaupt noch nicht separat existierten. Die endgültige Trennung erfolgte kulturologisch im 16. und staatlich erst im 20. Jahrhundert. Nach unserem heutigen Wissen unternahm Wladimir so-gar einen ziemlich erfolgreichen Versuch der Bildung eines einheitlichen Staates, der in seiner Gestalt mit Unterbrechungen fast zehn Jahrhunderte existierte. So kann das Bild der Gottesmutter Orans an die kulturelle Tradi-tion beider Staaten gebunden werden sowie ihre Patronage über beide Län-

---

[19] *Onasch/Schnieper,* a. a. O., 156.
[20] *Nadia Nikitenko:* Sofijskij sobor, Kiew 2011, 42.
[21] *Stepowyk,* a. a. O., 33.

der verbreiten. Aufgrund einer besonderen Beziehung vieler Osteuropäer zur Orthodoxie – bei vielen gilt die Aussage, orthodox zu sein, allerdings nicht als Bekenntnis zur Religiosität sondern zur Kultur,[22] – wird sie von der ukrainischen orthodoxen Gemeinschaft, aber auch von einem großen Teil der Bevölkerung der Ukraine, nach wie vor als Beschützerin des Staates bzw. als Garant des eigenen Wohls wahrgenommen.

Für die Russen spielt die „Gottesmutter von Wladimir" eine ähnliche Rolle, unter anderem auch, weil Russland in Besitz dieser Ikone ist. Kaum ein anderes Heiligenbild ist heute in Russland allgemein von so großer gesamtnationaler Bedeutung, wie diese Marienikone, die über Jahrtausende zum Symbol der russischen Orthodoxie wurde, auch wenn ihre Entstehungs- sowie Entwicklungsgeschichte umstritten und von vielen Mythen aber auch Legenden umgeben ist. Dieser Aspekt bestätigt nun die Annahme, dass der symbolische Inhalt dieses ikonographischen Sujets im Laufe der Zeit einer Legende bedurfte, um seine Botschaft transparent, individuell glaubwürdig und für alle zugänglich zu machen. Diese konnte je nach der Intention des Autors variieren, in der Regel förderte sie aber die Herausbildung und das Zusammenhalten eines einheitlichen christlichen Volkes. Laut einer der vielen Legenden sollte die „Wladimirskaja" im 12. Jahrhundert dem nach Macht strebenden Fürsten Andrej Bogoljubskij dazu verhelfen, sein „großes Nest" aufzubauen, weil sie aufgrund ihrer byzantinischen Wurzeln[23] und somit des Anspruchs auf die orthodoxe Tradition schon zu dieser Zeit in der Kiewer Rus' eine immense gesellschaftliche und religiöse Bedeutung hatte sowie zum „nationalen Heiligtum" der Ostslawen taugte. In Wladimir-Suzdal' – der Residenz des neuen ambitionierten Fürsten, bekam sie ihren Namen und wurde zum Zentrum höchster Verehrung. 1395 übersiedelte sie unter der Herrschaft des neuen Großfürsten Wasilij I. nach Moskau in die Maria-Himmelfahrts-Kathedrale des Kreml.[24] Hier sollte sie u. a. das religiöse Gefühl der Ostslawen stärken sowie die Patronage über den neuen russischen Herrscher und sein Land übernehmen, das von den Mongolen bedroht wurde. Laut einer später von

---

[22] Vgl. *Inna Hartwich:* Die Rolle der Religion in Russland. Von Atheisten zu gläubigen Christen, siehe: www.bpb.de/internationales/europa/russland/47992/religion (aufgerufen am 12.10.2013).

[23] Vgl. *Christoph Schmidt:* Gemalt für die Ewigkeit. Geschichte der Ikonen in Russland, Köln 2009, 43.

[24] Vgl. *Felicetti-Liebenfels,* a. a. O., 18 f.

dem orthodoxen Klerus formulierten Legende sollte die „Gottesmutter von Wladimir", nachdem das ganze Volk vor ihr für die Errettung des Landes demütig gebetet hatte, ihre Aufgabe als Fürbitterin der Rus' und explizit Moskaus erfüllt und dazu beigetragen haben, dass die mongolischen Truppen auf eine wunderbare Weise vor den Toren der Stadt flüchteten.

Allein an diesen sowie vielen anderen Beispielen vor allem aus dem 15. und 16. Jahrhundert, die die Wirksamkeit der „Wladimirskaja" unterstrichen, sollte die Hauptfunktion dieser Ikone im modernen Russland verdeutlicht werden, so dass der aktuelle Gebrauch der „Gottesmutter von Wladimir", sei es für religiöse oder sozialpolitische Zwecke seitens der russischen orthodoxen Kirche bzw. der Partei „Einiges Russland" einerseits einleuchtend ist, andererseits ihn zu einem spannenden sowie konfliktgeladenen Diskussionsthema macht. Die Übergabe einer Kopie dieser Ikone an den Papst durch Russlands Präsidenten Wladimir Putin bei seinem Besuch in Vatikan Ende 2013 hebt die doppelte religiös-politische Bedeutung hervor. Dementsprechend ist die „Wladimirskaja" auch heute nicht nur das Sinnbild der russisch-orthodoxen Kirche, sondern auch der Moskauer Zentralmacht. Vor allem nach dem Zerfall der Sowjetunion, in den Zeiten der Gesellschaftskrise der 1990-er Jahre, war explizit diese Ikone ein wichtiges Mittel der russisch-orthodoxen Kirche, die zu diesem Zeitpunkt selbst eine Renaissance erlebte. Mit diesem Instrument konnte sie das Gefühl nationaler Zugehörigkeit in einer orientierungslosen Bevölkerung aktiv unterstützen und schließlich wiederherstellen. Dabei spielte das traditionell besondere Verhältnis zwischen russischem Staat und orthodoxer Kirche eine wichtige Rolle.

Auch wenn die Religion in den osteuropäischen Staaten, in denen sich die Mehrheit zum orthodoxen Glauben bekennt, in vollem Umfang und aktiv, tatsächlich nur von einem kleinen Teil der Bevölkerung gepflegt wird, wird der orthodoxen Kirche das zweitgrößte Vertrauen nach dem Präsidenten entgegengebracht. Eine einleuchtende Erklärung dafür wäre, dass die Religion unter anderem auch als nationale Tradition verstanden wird.[25] Somit sind die Voraussetzungen eines erfolgreichen Einsatzes ikonographischer Darstellungen in der Gesellschaft weitgehend erfüllt, und so nutzen auch einige ukrainische oppositionelle Politiker die religiösen Elemente als

---

[25] Vgl. *Inna Hartwich:* Die Rolle der Religion in Russland. Von Atheisten zu gläubigen Christen, siehe: www.bpb.de/internationales/europa/russland/47992/religion (aufgerufen am 12.10.2013).

Überzeugungswerkzeug in Form der Anknüpfung an Traditionen vergangener Zeit. Das Repräsentieren der Kultur und Tradition der Ukraine durch diese liturgischen Elemente bzw. religiösen Symbole wirkt sinnstiftend und symbolisiert Zusammengehörigkeit und Macht. Hierbei ist darauf hinzuweisen, dass sich die Opposition aus allen politischen Richtungen von halblinks bis rechts zusammensetzt. Die Oppositionsführer appellieren, mit den Ikonen im Hintergrund, an den Erhalt der ukrainischen Identität sowie ihrer Kultur und zeigen damit, dass sie für die Ukraine bzw. deren Religion kämpfen. Dennoch sollte man wahrscheinlich an dieser Stelle differenzieren, was für die Oppositionsführer tatsächlich zu der ursprünglich ukrainischen Kultur und der gemeinsamen Kultur Russlands und der Ukraine gehört. Man darf auch nicht außer Acht lassen, dass für die Veranstaltung auf dem Majdan am 25.12.2013 nicht beliebige ikonographische Darstellungen ausgesucht wurden, sondern diejenigen, die bei der Bevölkerung einen hohen Wiedererkennungswert haben sowie den Menschen das Gefühl vermitteln, beschützt und von Gott selber geleitet zu werden (dazu setzte man die Ikone des Christus Pantokrator ein). Dementsprechend sind Ikonen auch durchaus in der Lage, durch ihren hohen Bedeutungsfaktor Menschenmassen in Osteuropa zu „motivieren" und zu mobilisieren, weil die meisten davon ausgehen, dass nur etwas legitim „Gutes" geschehen kann, wenn sich Ikonen im Hintergrund befinden, und weil viele Hoffnungen auf das bessere Leben damit verbunden sind.

Abschließend sollte festhalten werden, dass die modernen osteuropäischen Staaten wie beispielsweise die Ukraine oder Russland die Religion samt ihrer Elemente vor allem als Herrschaftsinstrument und als Bühne für einen traditionsbewussten Nationalismus nutzen, was unter anderem auch durch solche liturgischen Elemente der Orthodoxie ermöglicht wurde, wie Ikonen, die immer noch eine einsetzbare Waffe nicht nur in religiösen, sondern auch politischen und ideologischen Auseinandersetzungen sind und ihre Gegner ins Unrecht setzen.

*Die Gottesmutter Orans
(XI. Jh.), Sophienkathedrale in Kiew*

*Die Gottesmutter von Wladimir (XII. Jh.),
Tretjakow-Galerie in Moskau*

*Mutter-Heimat, Statue in Kiew
(alle drei Bilder von de.wikipedia.org)*

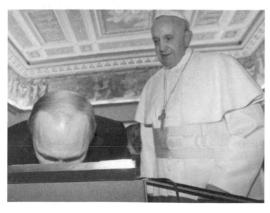

*Putin küsst das Bild einer
Madonna-Ikone im Vatikan
(www.huffingtonpost.com)*

Pilgerweg der Gerechtigkeit und des Friedens

Bericht von der 61. Zentralausschusssitzung des Ökumenischen Rates der Kirchen (ÖRK) vom 2. bis 8. Juli 2014 in Genf

1. Einleitung: Zueinander kommen

Auf dem Präsidiumstisch steht während dieser Zentralausschusssitzung eine kleine Skulptur: Eine junge Frau sitzt auf einem Stuhl, ein zweiter Stuhl neben ihr ist leer. Sie scheint zu sagen: „Setze dich zu mir, höre meine Geschichte. Nimm dir Zeit, mich zu verstehen – und lass uns dann gemeinsam aufstehen und weitergehen." Die Skulptur ist die Miniaturausgabe einer Statue, die im Original in Seoul steht. Sie erinnert an die Koreanerinnen, die als Sexsklavinnen während des Zweiten Weltkrieges von japanischen Soldaten missbraucht wurden und die bis heute auf eine Entschuldigung von Seiten der japanischen Regierung warten. Eine der wenigen noch lebenden Frauen, die 87-jährige Gil Won OK, hatte sie im Juni als Gastgeschenk zu einer ÖRK-Konsultation über den Frieden auf der koreanischen Halbinsel mitgebracht.

Und so erinnert die junge Frau auf dem Stuhl in diesen Tagen an zweierlei: Zum einen ist durch sie der Zusammenhang der Zentralausschusssitzung mit der 10. Vollversammlung des ÖRK präsent (die im November 2013 im südkoreanischen Busan stattfand), zum anderen steht sie für eine Haltung, die so notwendig ist für das ökumenische Miteinander und die diese Tagung über weite Strecken geprägt hat: das Bemühen, einander zuzuhören und Anliegen und Bedenken der anderen zu verstehen. Im gemeinsamen Beten und Singen, im Teilen und Mitteilen von Freude und Leiden (einzelner und ganzer Kirchen und Völker) wuchs auch das Bewusstsein, dass wir nur gemeinsam den Weg zu Einheit, Gerechtigkeit und Frieden finden werden. Und zu teilen gab es vieles Anfang Juli 2014: die Angst der Christen aus Syrien und dem Nordirak, die Sorge um 200 entführte Schülerinnen in Nigeria und um minderjährige Flüchtlinge, die in den USA stranden, die Ausweglosigkeit in überfüllten Flüchtlingsbooten auf dem Mittelmeer und die nach gescheiterten Friedensverhandlungen in Israel und Palästina.

Vor diesem Hintergrund hatte der Zentralausschuss die Aufgabe, die in Busan ausgesprochene Einladung zu einer „Pilgerreise der Gerechtigkeit und des Friedens" („Pilgrimage of Justice and Peace")[1] zu konkretisieren. Die starke Verknüpfung von Einheit, Gerechtigkeit und Frieden durch die Beschlüsse aus Busan zeigte Generalsekretär Dr. Olav Fykse Tveit (Norwegen) in seinem Bericht auf.[2] Moderatorin Dr. Agnes Abuom (Kenia) betonte die Notwendigkeit einer spirituellen Erneuerung der ökumenischen Bewegung und der besseren Einbindung der jungen Generation, um Visionen zu ermöglichen, die der immer weiter wachsenden ökonomischen Ungerechtigkeit, den Kriegen und dem Elend von Flüchtlingen etwas entgegen setzen. Dabei komme der präventiven Friedensarbeit der Kirchen besonderes Gewicht zu. Damit war ein weiter Rahmen von Herausforderungen abgesteckt.

Diese erste Tagung des neu gewählten Zentralausschusses hatte nur knapp sechs Sitzungstage zur Verfügung, der Ausschuss wird sich erst in zwei Jahren wieder treffen. Die Zeit für die inhaltliche Auseinandersetzung war so auch in den Ausschüssen sehr knapp. Die Verantwortung für die konkrete Programmplanung übernimmt nach der neuen Verfassung der halbjährlich tagende Exekutivausschuss, an den eine Reihe von Entscheidungen überwiesen werden mussten. Größere Bedeutung wird darum vermutlich auch die Arbeit der Kommissionen haben, die in dieser Sitzung berufen wurden. Wie sich diese neue Struktur, die neben inhaltlichen Gründen auch der schwierigen finanziellen Situation geschuldet ist, auf die Arbeit auswirkt, wird sich zeigen.

2. *Thematische Schwerpunkte: Den Rahmen für die „Pilgrimage of Justice and Peace" stecken*

Die „Pilgrimage of Justice and Peace" hat die Sitzungswoche in mindestens dreifacher Hinsicht geprägt: Sie war zum einen der „Rahmen" der Tagesordnung. Das inhaltliche Plenum am Eröffnungstag und das Schlussplenum waren ihr gewidmet. Sie war außerdem Gestaltungsmotiv in Andachten, Kernpunkt des Sonntagsprogramms und für viele Delegierte ein Leitgedanke in ihren Diskussionsbeiträgen. Schließlich wurde das an die Mitgliedskirchen gerichtete Dokument „Einladung zur Pilgerreise der Gerechtigkeit und des Friedens" verabschiedet. Es stellt theologische Grundgedanken der „Pilgrimage of Justice and Peace" vor und steckt einen (relativ allgemeinen) inhaltlichen und methodischen Rahmen für diese „Pilgrimage" ab. Der ÖRK-Strategieplan 2014–17 versucht diesen Rahmen „intern" für die Programmarbeit des ÖRK umzusetzen.[3]

---

[1]   Der Sprachendienst des ÖRK übersetzt Pilgrimage mit Pilgerreise, im deutschen kirchlichen Kontext wird meist „Pilgerweg" verwendet. Möglich ist auch Pilgerschaft. Um die Vielfalt der Deutungen offen zu halten, benutze ich im Weiteren die englische Formulierung „Pilgrimage of Justice and Peace."

[2]   Sein Bericht und der der Moderatorin finden sich auf Deutsch auf: www.oikoumene.org/de/resources/documents/central-committee/geneva-2014?set_language=de.
Er stellt auch die Arbeit des Rates nach Busan im Blick auf Syrien, Südsudan, koreanische Halbinsel, Demokratische Republik Kongo, Israel und Palästina oder die UN-Klimaverhandlungen dar. Alle weiteren Dokumente auf der englischen Seite: www.oikoumene.org/de/resources/documents/central-committee/geneva-2014.

[3]   Er wurde im Programmausschuss bearbeitet und mit der Bitte um weitere Prioritätensetzung in den Programmbereichen und die Formulierung von evaluierbaren Zielen an den Exekutivausschuss verwiesen.

Schon diese Breite macht deutlich, dass die „Pilgrimage of Justice and Peace" kein Thema unter anderen oder eine durchzusetzende Programmidee ist, sondern sich als integrierendes und richtungsweisendes Leitbild für den ÖRK als einer „Gemeinschaft von Kirchen" aus meiner Sicht als tragfähig erwiesen hat.

Die „integrierende" Funktion zeigte sich in vielen Gesprächen darin, dass nicht in Frage stand, ob sich eine Kirche überhaupt beteiligt; die Fragen kreisten vielmehr um das „wie" und den thematischen Focus der „Pilgrimage". Obwohl die verschiedenen Themenstränge (und Interessen) der Arbeit des ÖRK präsent waren, war der Grundkonsens spürbar, dass die „Pilgrimage of Justice and Peace" den Rahmen („framework") für die Arbeit des ÖRK bildet. Diskussionen, wie sie noch bei der Friedenskonvokation in Kingston geführt wurden („Ihr Europäer sagt, wir brauchen eine Dekade zur Klimagerechtigkeit, wir Afrikaner sagen aber, wir brauchen eine Dekade zur Überwindung der Armut"), gab es m. E. nicht. Dennoch kam immer wieder die Frage auf, wie klar die „Pilgrimage of Justice and Peace", ihre Themen und Ziele definiert werden sollen. In der Diskussion hat sich herauskristallisiert, dass es nicht um eine Definition gehen kann. Das Leitbild „Pilgrimage of Justice and Peace" muss in den einzelnen konfessionellen und kulturellen Kontexten ausbuchstabiert werden. Es gibt nicht einzelne Themen oder Aktionsformen vor, sondern die Perspektive: Gottes Verheißung von Gerechtigkeit und Frieden. Die „Pilgerreise" verweist dabei auf bestimmte Dimensionen christlicher Praxis und auf Kriterien für das gemeinsame Handeln, die in unterschiedlichen Programmen oder Aktionen umgesetzt werden können.[4]

Das Dokument *„Einladung zur Pilgerreise der Gerechtigkeit und des Friedens"* vertieft das: Es knüpft unmittelbar an die „Botschaft" der Vollversammlung mit ihrem Aufruf zur Pilgerreise und an die „Erklärung zur Einheit"[5] an. Prägnant hatte die „Erklärung zur Einheit" den Zusammenhang von Ekklesiologie, Gerechtigkeit, Frieden und Schöpfung formuliert: „Die Einheit der Kirche, die Einheit der menschlichen Gemeinschaft und die Einheit der ganzen Schöpfung sind miteinander verwoben." Unter der Überschrift „In Gemeinschaft wachsen – eine Pilgerreise der Gerechtigkeit und des Friedens" macht das neue Dokument deutlich, dass es dabei um einen dynamischen und verwandelnden Prozess geht, der sich auf die Gemeinschaft der Kirchen bezieht,[6] und um Gottes Mission für die Welt: *„Die Pilger-*

---

[4] Seit der Vollversammlung ist wiederholt darauf hingewiesen worden, dass es nicht um eine Pilgerreise zu Gerechtigkeit und Frieden (Pilgrimage *for* Justice and Peace) geht, sondern um eine Reise der Gerechtigkeit und des Friedens (Pilgrimage *of* Justice and Peace). So auch in der „Einladung zur Pilgerreise …", S. 2.

[5] Ausdrücklich genannt werden auch die wichtigen Referenzdokumente der Vollversammlung: Die Kirche: Auf dem Weg zu einer gemeinsamen Vision, Gemeinsam für das Leben: Mission und Evangelisation…, Wirtschaft des Lebens, und der ökumenische Aufruf zum gerechten Frieden.

[6] Über diese *Koinonia* sind Einheit, Gerechtigkeit und Frieden dann auch inhaltlich miteinander verbunden, wenn es im Dokument heißt: „Diese Einheit im Glauben … manifes-tiert sich als Einheit, die auf den zentralen Werten der *koinonia* beruht, die eine rechte Beziehung herstellen und erhalten: Gerechtigkeit und Frieden." (S. 2)

reise der Gerechtigkeit und des Friedens gründet demnach in Gottes eigener Mission für die Welt und im Vorbild Jesu. Jesus nachzufolgen bedeutet, ihn überall da anzutreffen, wo Menschen Opfer von Ungerechtigkeit, Gewalt und Krieg sind. Gottes Gegenwart mit den schwächsten Menschen, den Verwundeten, den Marginalisierten zu spüren ist eine verwandelnde Erfahrung." (S. 2)

Für die Umsetzung nennt das Dokument unter der Überschrift „Sich an der Pilgerreise beteiligen" drei Aspekte: Die Gaben feiern (via positiva), sich mit den Wunden beschäftigen (via negativa) und „Ungerechtigkeit verwandeln" (via transformativa). In diesen drei Aspekten sind Handeln, theologisches Nachdenken und geistliche Praxis miteinander verwoben. Thematische Schwerpunkte sollen auf den Themen „lebensbejahende Wirtschaft", Klimawandel, „Peacebuilding", Versöhnung und Menschenwürde liegen.

Die Rolle des ÖRK besteht dann konsequenterweise darin, die einzelnen Ausformungen der „Pilgrimage" wieder zu verknüpfen. Dies spiegelt sich auch in den „globalen Zielen", die für die Arbeit des ÖRK bereits in den Programmrichtlinien in Busan festgelegt wurden: Die Gemeinschaft stärken, gemeinsam Zeugnis ablegen, Spiritualität, Reflexion und Ausbildung, Vertrauen und Verständnis aufbauen und innovative Kommunikation. Betont wird außerdem die Notwendigkeit eines theologischen Reflexionsprozesses, der die Wechselwirkung zwischen Einheit, Mission und Dienst reflektiert.

Wer eine Fokussierung des Pilgerwegs auf ein Themenfeld erwartet hatte, wird enttäuscht sein. Die „Pilgrimage of Justice and Peace" bietet aber demgegenüber die Chance der unterschiedlichen Dringlichkeit der Themen in den unterschiedlichen Kontexten gerecht zu werden[7] und dennoch den gemeinsamen Horizont und die Gemeinschaft der Kirchen nicht aus den Augen zu verlieren. Kontroversen werden dabei nicht ausbleiben, sie können aber konstruktiv ausgetragen werden und produzieren weniger lähmende Spaltungen. Aufgrund dieses Potentials sollte die Einladung bzw. Aufforderung, die „Pilgrimage of Justice and Peace" zu einem Focus der eigenen Arbeit zu machen, vielleicht noch deutlicher formuliert werden und die Mitgliedskirchen um Antwort gebeten werden.[8]

Ein Schritt, der die Ökumenische Gemeinschaft und ihren Dienst für Gerechtigkeit und Frieden weiterbringt, wird die „Pilgrimage of Justice and Peace" m. E. dann werden, wenn die Verknüpfung zwischen unterschiedlichen Kontexten gelingt. In der Sitzungswoche in Genf leuchtete davon immer wieder etwas auf, auch wenn die Zeit für den vertiefenden Austausch gerade an diesen Stellen fehlte. Besonders eindrücklich war m. E. die Vielfalt der konfessionellen und kulturellen Zu-

---

[7]   Eindrücklich formuliert zu Beginn des zweiten Abschnitts des Strategieplans. „Was in einem Teil der Welt dringend und wichtig erscheint, kann in einem anderen bedeutungslos erscheinen". Auch wenn wissenschaftliche Analysen u. U. Prioritäten im Blick auf Krisenursachen festlegen können, kann die Vielfalt der Wahrnehmungen und die unterschiedliche Dringlichkeit vor Ort für kirchliches Handeln nicht übergangen werden.

[8]   Bisher findet sich nur im Strategieplan der Hinweis, dass eine Zielgröße wäre, 100 Mitgliedskirchen erklären ihre Beteiligung, 150 sind praktisch eingebunden ... Eine Steuerungsgruppe soll durch den Exekutivausschuss einberufen werden.

gänge zur „Pilgrimage", die Perspektive von Menschen mit Migrationserfahrungen, aber auch die Betonung der Dimension von Buße und Umkehr. Hier kommen individuelles und kollektives Verständnis von „Pilgrimage" zusammen und es lässt sich inhaltlich anknüpfen an Fragen, die bei uns im Zusammenhang der sog. „großen Transformation" und einer „transformativen Spiritualität" erörtert werden.

3. Kontext und Konkretion einer „Pilgrimage of Justice and Peace" – Beispiele aus den thematischen Plenarsitzungen und den verabschiedeten Erklärungen

3.1. Plenarsitzungen
Die thematischen Plenarsitzungen versuchten, die verschiedenen Kontexte, theologische Fragen und praktische Solidarität zu verbinden. Ich gehe hier exemplarisch nur auf zwei Sitzungen ein. Im Plenum „Solidarität mit Kirchen in Konfliktsituationen" sprachen Delegierte aus dem Südsudan, Südkorea und Nigeria über die Konflikte und das kirchliche Friedensengagement in ihren Ländern. Besonders präsent war darüber hinaus die Situation im Mittleren Osten (Syrien, Irak, Palästina und Israel, Ägypten), in Eritrea und in der demokratischen Republik Kongo. Dabei wurden von den Betroffenen zwei Aspekte immer wieder betont: Menschen leiden unter den Konflikten – unabhängig von ihrer Religionszugehörigkeit, jeder dieser leidenden Menschen ist ein Ebenbild Gottes. Christen sind z. Zt. von der wachsenden Gewalt besonders betroffen. Theologisch stehen die Versöhnungsbotschaft des Evangeliums und die Praxis der Vergebung für die betroffenen Kirchen im Zentrum. Sie erbitten Unterstützung bei der Fürsorge für Flüchtlinge und ihren (z. T. auch interreligiösen) Bildungsanstrengungen. Die Wichtigkeit solcher Unterstützung, aber auch von Solidarität in Form von Fürbitte, ökumenischen Besuchen und öffentlichen Erklärungen für die Kirchen(leitungen) in diesen Situationen lässt sich aus unserer Situation heraus wohl kaum ermessen. Sie hat theologische, politische und seelsorgliche Aspekte. So erklärt sich auch die Vielzahl der Erklärungen, die sowohl auf der Vollversammlung als auch beim Zentralausschuss eingefordert wurden.[9]

Die Plenarsitzung zur *Klimagerechtigkeit* rückte durch den Impulsvortrag der Londoner Organisation „Environmental Justice Foundation" die Frage Klimawandel und Menschenrechte – insbesondere das Schicksal der Klimaflüchtlinge – in den Mittelpunkt. Sie sind keine Prognose, sondern Realität. Schade nur, dass es nicht möglich war, den kurzfristig als Redner ausgefallenen Pastor Lusama aus dem südpazifischen Inselstaat Tuvalu durch eine andere Stimme von Betroffenen zu ersetzen, die im Plenum präsent waren.[10] Klimagerechtigkeit und „Lobbyarbeit" im

---

9   Um substantielle und gut vorbereitete Erklärungen abgeben zu können, wurden die „Leitlinien für den Umgang mit ‚Public Issues'" erneut ergänzt und überarbeitet.

10   Interessanterweise forderte auch der Bericht des Programmausschusses im Blick auf den Strategieplan, dass die Rolle und Anliegen indigener Völker in der Diskussion um den Klimawandel stärker berücksichtig werden sollten, „nicht nur wegen ihres Engagements

Blick auf die Verhandlungen über ein Klimarahmenabkommen bei den Vereinten Nationen ist gegenwärtig ein Schwerpunkt der Arbeit des ÖRK. Im September organisiert der ÖRK einen „Interreligiösen Klimagipfel" im Vorfeld des von UN Generalsekretär Ban KiMoon einberufenen Gipfels. Gemeinsam mit dem ökumenischen Bündnis der Hilfswerke (ACT) ist dann vor allem die abschließende Tagung der Vertragsparteien im Dezember 2015 in Paris im Blick. Dieses Ereignis könnte ein erster Test sein, ob die Zusammenarbeit zwischen ÖRK (Stab) und Mitgliedskirchen im Sinne der „Pilgrimage of Justice and Peace" funktioniert.

3.2. Öffentliche Erklärungen und Dokumente

Eine Reihe von Anliegen konnten vom Ausschuss für öffentliche Angelegenheiten nur ganz knapp behandelt werden. Hierunter ist auch eine kurze Äußerung zur Situation in der Ukraine.[11] Stab und Generalsekretär des ÖRK wurden um weitere Initiativen gebeten.

Darüber hinaus verabschiedete der Zentralausschuss aus aktuellem Anlass[12] eine Erklärung zur „Menschenrechtssituation in Eritrea" und „zur aktuellen Lage in Mosul, Irak". Die „Erklärung über den Weg hin zu einer atomfreien Welt", über „die Neuauslegung von Artikel 9 der japanischen Verfassung" und eine kontrovers diskutierte „Erklärung über wirtschaftliche Maßnahmen und die Verantwortung der Christen gegenüber Israel und Palästina" gehen auf Diskussionen der Vollversammlung zurück. Besonders umfassend und fundiert ist die Erklärung zur Atomkraft. Sie stellt sowohl die vielschichtigen ethischen Aspekte militärischer und ziviler Nutzung der Atomkraft dar, als auch den Prozess der „ökumenischen Urteilsbildung". Ihre Empfehlungen stellt die Erklärung in den Zusammenhang der „Pilgrimage of Justice and Peace". So werden die Mitgliedskirchen sowohl aufgefordert, eine „umweltbewusste Spiritualität zu entwickeln und umzusetzen" und zur Veränderung von Lebensstilen beizutragen, als auch zu koordinierter internationaler Fürsprachearbeit z. B. im Blick auf die „Kampagne zur Abschaffung von Atomwaffen", die Stationierung von Atomwaffen auf eigenem Hoheitsgebiet oder den Atomausstieg.

Schließlich muss ein Dokument erwähnt werden, das die Frage nach dem interreligiösen Dialog und die Diskussion der Vollversammlung um die veränderten Kontexte des weltweiten Christentums heute aufnimmt: „Wer sagen wir, dass wir sind. Christliche Identität in einer multireligiösen Welt". Hinter diesem Dokument

---

für die eigenen Anliegen, sondern weil sie die Verflechtungen und wechselseitigen Abhängigkeiten allen Lebens aufzeigen."

[11] Außerdem geht es um die Selbstbestimmung der Menschen in West Papua, das Religionsgesetz in Myanmar, die Gewalt gegen religiöse Minderheiten in Sri Lanka, Vertreibung und Migration und die Verletzung der Rechte von Kindern und Jugendlichen in Zentralamerika, Menschenhandel und sexuelle Ausbeutung in Lateinamerika.

[12] Anlass für die Erklärung zu Eritrea war die Unterstützung eines Hirtenbriefs der katholischen Bischöfe von Eritrea vom 25.05.2014, weshalb nach der orthodoxen auch die katholischen Kirchen im Land vermehrt dem Druck der Regierung ausgesetzt ist.

steht ein mehr als zehnjähriger Studien- und Diskussionsprozess.[13] Es betont die Wichtigkeit eines „informierten und entsprechend selbstbewussten Verständnisses christlicher Identität, besonders in Situationen religiöser Pluralität" und will einen ökumenisch verantworteten Beitrag dazu leisten, indem es die „Schlüsselaspekte christlicher Überzeugung" und die durch den Dialog hervorgerufenen „Vertiefungen und Entdeckungen" darstellt. Leider konnte der Text im Plenum nicht diskutiert werden. Nach einer letzten (sprachlichen) Überarbeitung und der Erstellung eines Studienleitfadens soll es zur Diskussion an die Mitgliedskirchen weitergegeben werden.

4. *Ausblick: Als Gemeinschaft von Kirchen weitergehen*

Eine „Nagelprobe" für die Gemeinschaft waren die Wahlen und die Diskussionen um Finanzen. Der Wunsch nach Beteiligung und konstruktive Mitarbeit war über viele anstrengende Sitzungstage quer durch die Konfessionsfamilien und Weltregionen spürbar. Das führte aber auch zu sehr mühsamen Verhandlungen über die Besetzung von Ausschüssen, wo um die Repräsentanz einzelner Kirchen oder Regionen gekämpft wurde. Vor allem die Frage der Beteiligung junger Menschen blieb bei der Besetzung der Ausschüsse unbefriedigend. Das Verfahren, den Kommissionen einfach vier Sitze für junge Menschen hinzuzufügen, kann nur eine Übergangslösung sein.

Deshalb stellen sich Fragen: Welche anderen Formen der Beteiligung an der ökumenischen Bewegung, aber auch am ÖRK und dessen Entscheidungsfindungsprozessen sind möglich? Wie lässt sich „Vielfalt" in den Gremien abbilden angesichts des Balanceakts, dass der ÖRK sowohl die Vielfalt der Stimmen braucht, als auch eine gute Verbindung zu den Kirchenleitungen der Mitgliedskirchen? Und wo spielen Fragen von Macht und Einfluss – nicht nur im ÖRK, sondern auch zwischen und innerhalb einzelner Kirchen – eine Rolle?[14]

Daneben fällt die Diskrepanz ins Auge zwischen dem großen Wunsch nach Beteiligung und der wenig breit gestreuten finanziellen Unterstützung des ÖRK. Die finanzielle Situation ist (bei einem Gesamteinkommen von 31 Mio. CHF im Jahr

---

[13] Der Prozess wurde schwerpunktmäßig verantwortet durch das ÖRK *Programm zum interreligiösen Dialog*. Auch die Weltmissionskonferenz und die Kommission Glaube und Kirchenverfassung haben sich mit den Entwürfen beschäftigt und wichtiges Material lieferte zuletzt das gemeinsame Dokument von ÖRK, WEA und dem Päpstlichen Rat für den interreligiösen Dialog „Christliches Zeugnis in einer multireligiösen Welt: Empfehlungen für einen Verhaltenskodex" (2011).

[14] Trotz aller Problematik und Nichterfüllung der „Quotenziele" sind die meisten ÖRK Gremien „vielfältiger" als die meisten unserer kirchlichen Gremien. Die Beteiligung von Frauen ist im Ausschuss und in den Kommissionen insgesamt gesehen gut – und sicher besser als in vielen Mitgliedskirchen. Beim „womens' dinner" wurde im Gespräch zwischen jungen Frauen und den älteren sehr deutlich, dass dies alles andere als selbstverständlich ist, sondern ein Erfolg, der auch gefeiert werden darf.

2013) nach wie vor sehr angespannt.[15] Eine breit angelegte Strategie zur Einkommensentwicklung wurde beschlossen. Dabei liegt ein inhaltlicher (nicht der finanzielle) Schwerpunkt auf einer Verbreiterung der Basis der Mitgliedsbeiträge, denn nach wie vor tragen 15 der 345 Mitgliedskirchen und ihre Werke (darunter die EKD) über 80 Prozent des ÖRK-Budgets. Neben der Erschließung neuer Einkommensquellen, insbesondere für die Programmarbeit, geht es auch um die Einbeziehung von Gemeinden. Eine erste Auswertung von „Kollekten-Aktionen", wie sie z. B. in der EKD für die Vollversammlung in Busan durchgeführt wurden, hat ergeben, dass es dabei nicht nur um die erzielten Einkommen geht, sondern auch um die Stärkung des Bewusstseins, was es heißt, zu einer internationalen „Gemeinschaft von Kirchen" zu gehören. Auch im Blick auf die Frage von Beteiligung und Finanzen fordert eine „Pilgrimage of Justice and Peace" also dazu heraus, partizipative Arbeitsweisen zu erproben – gerade auch im regionalen Kontext. Denn: „Die Ökumene muss die Menschen vor Ort erreichen, um zu verstehen, was es bedeutet, gemeinsam auf einer Pilgerreise zu sein."[16]

Einen historischen Moment erlebte der Zentralausschuss am Ende seiner Tagung, als die Niederländisch-Reformierte Kirche in Südafrika wieder in die Gemeinschaft des ÖRK aufgenommen wurde. Die Wiederaufnahme der Kirche, die einst die Apartheid theologisch rechtfertigte, ist der Abschluss eines langjährigen Prozesses, über den ihr Generalsekretär Rev. Dr. Kobus Gerber im Weisungsausschuss bewegend berichtete. Vertreter und Vertreterinnen anderer südafrikanischer Kirchen bestätigten, welch fundamentale Veränderungen diese Kirche in den letzten Jahren durchgemacht hat, wie der Versöhnungsprozess in Gang gekommen ist und welche wichtige Rolle diese Kirche nun für die Ökumene in Südafrika spielt. Solch ein Weg der Umkehr und der Versöhnung ist mit Sicherheit auch Teil einer „Pilgrimage of Justice and Peace".

Anne Heitmann

(Pfarrerin Anne Heitmann ist Leiterin der Abteilung Mission und Ökumene der Evangelischen Landeskirche in Baden und Mitglied im Zentralausschuss des Ökumenischen Rates der Kirchen.)

---

[15] Die Durchführung des Immobilienprojekts mit dem der Genfer Standort „Route de Ferney" entwickelt werden soll, kann u. a. aufgrund langer Genehmigungszeiten nur sehr langsam umgesetzt werden.

[16] So der Bericht des Programmausschusses, S. 2.

Abschlusserklärung des Kongresses MissionRespekt

„Christliches Zeugnis in einer multireligiösen Welt"

Das Dokument „Christliches Zeugnis in einer multireligiösen Welt", vom Päpstlichen Rat für den Interreligiösen Dialog, der Evangelischen Weltallianz (WEA) und dem Ökumenischen Rat der Kirchen (ÖRK) gemeinsam im Sommer 2011 veröffentlicht, hat in Deutschland und auch international eine breite Aufmerksamkeit gefunden. Dieses Dokument und die Umsetzungen seiner Empfehlungen bildeten den Ausgangspunkt des Kongresses „MissionRespekt", der vom 27.–28. August in Berlin stattfand und vom Evangelischen Missionswerk in Deutschland (EMW) und dem Internationalen Katholischen Missionswerk missio Aachen verantwortet wurde. Internationale Kirchenvertreter diskutierten in verschiedenen Workshops über Mission im 21. Jahrhundert. Zu dem Kongress luden ein: Arbeitsgemeinschaft Christlicher Kirchen in Deutschland (ACK) und Evangelische Allianz Deutschland (EAD). Mitträger waren: Akademie für Weltmission in Korntal, Arbeitsgemeinschaft Evangelikaler Missionen e.V. (AEM), Arbeitsgemeinschaft Missionarische Dienste (AMD), Deutsche Bischofskonferenz (DBK), Evangelische Kirche in Deutschland (EKD), Evangelisch-lutherisches Missionswerk in Niedersachsen (ELM), Evangelische Mission in Solidarität (EMS), Evangelische StudentInnengemeinde in der Bundesrepublik Deutschland, Evangelischer Gnadauer Gemeinschaftsverband, Leipziger Missionswerk (LMW), Missionsakademie an der Universität Hamburg, Mission EineWelt/Centrum für Partnerschaft, Entwicklung und Mission der Ev.-Luth. Kirche in Bayern (MEW), Norddeutsche Mission (NM), Vereinigung Evangelischer Freikirchen (VEF), Vereinte Evangelische Mission (VEM). Weitere Informationen finden Sie auf www.missionrespekt.de.

Wir veröffentlichen hier das Abschlussdokument:

Wir haben während des Kongresses „MissionRespekt" in Berlin am 27. und 28. August 2014 die Denkanstöße des ökumenischen Dokumentes „Christliches Zeugnis in einer multireligiösen Welt" dankbar aufgenommen und halten die weitergehende Beschäftigung damit für dringend geboten.

Seine Verhaltensempfehlungen sind besonders aktuell, weil an vielen Orten der Erde Spannungen zwischen Gruppen unterschiedlicher religiöser Prägungen wachsen. Wir sind der Überzeugung, dass es keine Alternative zum friedlichen Miteinander der Religionen geben kann. Dies verlangt von uns als Christen ein einladendes Bekenntnis unseres Glaubens, die respektvolle Zuwendung zu Menschen anderer religiöser Überzeugungen und Solidarität mit denen, denen das Ausdrücken ihrer religiösen Überzeugungen verwehrt wird. Menschen mit unterschiedlichen oder keinen religiösen Beheimatungen müssen gemeinsam jenen entschlossen entgegentreten, die Religion missbrauchen, um politische und soziale Konflikte auszutragen und Andersglaubende zu verfolgen.

Der Kongress hat gezeigt, dass dieser breit angelegte Prozess der Beschäftigung mit dem Dokument hilfreich ist für ein vertieftes Miteinander in unserem christlichen Zeugnis. Wir sind ermutigt durch viele Einsichten, die wir trotz unterschiedlicher kirchlicher Prägung gemeinsam tragen. Wir sind zuversichtlich, auch über strittige Positionen miteinander in fruchtbaren Gesprächen zu bleiben. Die im Dokument beschriebenen Grundlagen, Prinzipien und Folgerungen sollten weiterhin auf möglichst vielen Ebenen des kirchlichen Lebens zum Thema gemacht werden.

So bitten wir die Leitungsorgane unserer jeweiligen Kirchen, kirchlichen Zusammenschlüsse und Werke, sich an diesem ökumenischen Rezeptionsprozess weiterhin engagiert zu beteiligen.

Ausdrücklich unterstützen wir das Vorhaben, den Deutschen Evangelischen Kirchentag (DEKT) 2015, den Katholikentag 2016 und weitere kirchliche Großveranstaltungen als Stationen des öffentlichen Austauschs über die gewonnenen Einsichten zu nutzen. Daraus sollten bis zum DEKT 2017 Formate entwickelt werden, um die Denkanstöße des Dokuments in die Breite der Kirchen und in Foren des interreligiösen Dialogs hier und weltweit einzubringen.

Die Ergebnisse des Kongresses werden aufgearbeitet und in geeigneter Weise dokumentiert, um auf dieser Basis gemeinsam weiterarbeiten zu können.

Berlin 28. August 2014
Die Teilnehmerinnnen und Teilnehmer des Kongresses MissionRespekt

In memoriam Wolfhart Pannenberg

Am 4. September 2014 ist der Münchener Theologe Wolfhart Pannenberg (1928–2014) in München gestorben. Er war einer der bedeutendsten evangelischen Theologen und Ökumeniker im 20. Jahrhundert. Nach der Promotion (1953) und Habilitation (1955) in Heidelberg und ersten Professuren in Wuppertal und Mainz lehrte er von 1967 bis zu seiner Emeritierung 1994 an der Evangelisch-Theologischen Fakultät der Ludwig-Maximilians-Universität München Systematische Theologie und war Direktor des von ihm gegründeten Instituts für Fundamentaltheologie und Ökumene.

Den entscheidenden Impuls zu seiner theologischen Entwicklung empfing Pannenberg, der in einem kirchenfernen Umfeld aufgewachsen war, in der Auseinandersetzung mit der Religions- und Christentumskritik Friedrich Nietzsches. In seinem Studium der Theologie und Philosophie in Berlin, Göttingen, Basel und Heidelberg wurde die Frage, wie sich die Wahrheit des christlichen Glaubens rational verantworten lasse, zur zentralen Frage seines theologischen Denkens. In der Programmschrift „Offenbarung als Geschichte", mit der er 1961 zusammen mit einer jungen Theologengruppe an die Öffentlichkeit trat, vertrat er in kritischer Auseinandersetzung mit der Wort-Gottes-Theologie die These, dass die Wahrheit der Offenbarung Gottes in Jesus Christus auch ohne den Glauben erkannt und historisch ausgewiesen werden könne. In der Monographie „Grundzüge der Christologie" (1964) fundierte er diesen Ansatz in einer beim Menschen Jesus ansetzenden Christologie. 1973 erörterte Pannenberg sodann in der Monographie „Wissenschaftstheorie und Theologie" die Möglichkeit und Aufgabe der Theologie als Wissenschaft in Auseinandersetzung mit den Herausforderungen des logischen Positivismus und der Universitätsreform. Zehn Jahre später erschien seine große Studie „Anthropologie in theologischer Perspektive" (1983), in der er die Religiosität des Menschen in ihrer individuellen und gesellschaftlichen Dimension im Gespräch mit Philosophie, Psychologie und Sozialwissenschaften beschrieb.

Im Rahmen seiner christologischen, wissenschaftstheoretischen und anthropologischen Untersuchungen erschloss er sich auf diese Weise die Voraussetzungen für die systematische Auslegung der Wahrheit des christlichen Glaubens in seinem Hauptwerk „Systematische Theologie", das er in drei Bänden in den Jahren 1988 bis 1993 publizierte. Es basiert auf den dogmatischen Vorlesungen, die Pannenberg während seiner Münchener Lehrtätigkeit in regelmäßigem Turnus anbot und die in beispielhafter Weise den unlöslichen Zusammenhang von Forschung und Lehre in der Theologie vor Augen führten. Grundlegend ist dabei die Einsicht, dass sich die Wahrheit des christlichen Glaubens nur im Medium einer in sich kohärenten und darin wahrheitsfähigen Gesamtdarstellung auslegen lässt. Diese wiederum ist mit

Blick auf die Geschichtlichkeit der Offenbarung und ihrer Rezeption nicht anders als in einer Rekonstruktion der Genese und Entwicklung der theologiegeschichtlich wesentlichen Argumentationen zu gewinnen.

Schon in seiner Heidelberger Zeit gewann Pannenberg im Studium bei Edmund Schlink und Peter Brunner Einblick in die elementaren Fragen ökumenischer Theologie und in ihre Bedeutung für die Aufgabe der Systematischen Theologie. Ihm wurde deutlich, dass kein Faktor die Wahrheit des Evangeliums von Jesus Christus so sehr verdunkelt wie die Spaltungen der Kirchen. Denn die Zerrissenheit der Kirchen widerspricht dem Bekenntnis zur Einheit der Kirche und beeinträchtigt ipso facto die Glaubwürdigkeit ihrer Verkündigung. Im ökumenischen Zueinander der Kirchen steht darum nichts weniger als die Wahrheit des christlichen Glaubenszeugnisses auf dem Spiel. Entsprechend ist nach Pannenberg das Eintreten für die Ökumene nicht nur eine Angelegenheit der Kirchen, sondern eine fundamentale Aufgabe der Theologie als Wissenschaft. Pannenberg trug dieser Einsicht nicht nur mit der Gründung des bereits erwähnten Instituts für Fundamentaltheologie und Ökumene Rechnung, sondern bot regelmäßig ökumenische Oberseminare mit dem römisch-katholischen Partnerinstitut an der Münchener Universität an, zuerst mit Heinrich Fries, später mit Heinrich Döring. Zudem engagierte er sich intensiv in den ökumenischen Dialogen der Kirchen. Auf internationaler Ebene war er Mitglied der Kommission für Glauben und Kirchenverfassung des Ökumenischen Rates der Kirchen. In Deutschland wirkte er in dem 1946 gegründeten Ökumenischen Arbeitskreis evangelischer und katholischer Theologen mit, dessen akademische Leitung auf evangelischer Seite er 1980 übernahm. Zusammen mit Karl Kardinal Lehmann gestaltete er die Arbeit an der Studie „Lehrverurteilungen – kirchentrennend?" (1986), mit der der Kreis nach dem Besuch von Papst Johannes Paul II. 1980 in Deutschland beauftragt worden war. Sie wurde eine wichtige Voraussetzung für die „Gemeinsame Erklärung zur Rechtfertigungslehre" (1999). Es folgte der Studienprozess zum Themenkomplex *Schrift, Tradition und Lehramt,* den Pannenberg mit Theodor Schneider leitete und dessen Ergebnisse in den drei Bänden „Verbindliches Zeugnis" vorliegen.

Die ökumenisch-theologische Arbeit Wolfhart Pannenbergs findet ihre Bündelung in seiner dreibändigen *Systematischen Theologie* und dort insbesondere im dritten Band, der Ekklesiologie und Eschatologie verbindet. Hier zeigt er nicht nur, wie die kirchentrennenden Lehrunterschiede zwischen den großen Konfessionen überwunden werden können, sondern bietet auch wichtige Einsichten für eine Vertiefung der Kirchengemeinschaft zwischen den reformatorisch geprägten Kirchen. Die Grundeinsicht besteht dabei darin, dass die Kirchen ihrem Wesen und Auftrag nur in der konsequenten Selbstunterscheidung vom Reich Gottes entsprechen können, dessen endgültige Heraufführung am Ende der Geschichte Gott in Leben, Sterben und Auferweckung Jesu verheißen hat. Zu solcher Selbstunterscheidung gehört für Pannenberg das Bewusstsein für die Vorläufigkeit der eigenen Erkenntnis- und Lebensform und die prinzipielle Offenheit für die Gemeinschaft mit anderen, in dem sich für Pannenberg echte Katholizität erweist.

Kaum ein anderer Theologe hat den Zusammenhang zwischen systematischer Reflexion und Ökumene so umfassend zum Tragen gebracht wie Wolfhart Pannenberg. Mit der Trauer über den Verlust dieses Denkers verbindet sich die Dankbarkeit für sein theologisches Lebenswerk.

Friederike Nüssel

(Friederike Nüssel ist ordentliche Professorin für Systematische Theologie und Direktorin des Ökumenischen Instituts und Wohnheims der Universität Heidelberg.)

„Gottbefohlen"

Otto Hermann Pesch zum Gedächtnis

Otto Hermann Pesch lag sehr daran, Martin Luther heute (auch in der Römisch-katholischen Kirche) zu Wort kommen zu lassen. Im Vorwort zu seiner „Hinführung zu Luther", die in der ersten Auflage im Jahr 1982 erschien, erinnerte er daran, dass Luther gegen Ende seiner Tage seine Leser mit einem „Gottbefohlen" in ihre Lektüre entließ. Die Möglichkeit zu einer freien Meinungsbildung unter dem Segen Gottes ist ein hohes Gut – nicht nur darin waren sich Pesch und Luther einig.

Am 8. September 2014 endete die Lebensgeschichte eines Menschen, der seit dem Beginn seiner Studienzeiten ökumenisch orientiert war: Geboren im Oktober 1931 in Köln, trat Pesch zu Beginn der 50er Jahre in den Dominikanerorden ein und studierte Theologie und Philosophie in Walberberg bei Bonn und in München. Die Theologie von Heinrich Fries hat ihn tief geprägt. Mit ihm erlebte er das 2. Vatikanische Konzil (1962–65) als eine wichtige Zeit der Reform. In seiner Begleitung entstand seine Dissertation über Grundfragen der Anthropologie bei Augustinus, Thomas von Aquin und Martin Luther. Bald schon war Pesch für die Lehre der Systematischen Theologie in seinem Orden vorgesehen. Die Begegnung mit seiner späteren Ehefrau Hedwig Schwarz veränderte diese Pläne. Er trat aus dem Orden aus und heiratete. Die gemeinsame Tochter Anja blieb bis zu seinem Lebensende sein großes Glück; in den letzten Jahren erzählte er gerne von seinen Enkeltöchtern in Norwegen – viel zu weit weg, klagte er. Seine künstlerisch hoch begabte Frau starb früh – 61-jährig. Sie wurde im Hamburg begraben – an jenem Ort, an dem Pesch von 1975 bis 1998 an der Evangelisch-theologischen Fakultät den Lehrstuhl für Kontroverstheologie innehatte. In diesen Zeiten entstanden wichtige Werke von Pesch zur Reformationsgeschichte und zum 2. Vatikanischen Konzil. Nach der Emeritierung kehrte Pesch in seine Wahlheimat München zurück und führte im Ruhestand ein ruheloses Leben: Er publizierte eine mehrbändige, ökumenisch ausgerichtete Dogmatik und war ein gefragter Redner in kleinen und in großen Kreisen in Deutschland und auch weltweit. Im ökumenischen Arbeitskreis evangelischer und katholischer Theologen war Pesch seit den 80er Jahren Mitglied; er hat die heute erreichte lutherisch – römisch-katholische Konvergenz in Grundfragen der Rechtfertigungslehre maßgeblich vorbereitet. Pesch betrachtete mit Sorge, dass sich in der römisch-katholischen Theologie kaum noch jüngere Menschen für die Erforschung der Reformationsgeschichte bereitfinden. Mehrere Fakultäten haben Pesch die Würde eines Ehrendoktors zuteilwerden lassen.

Otto Hermann Pesch war rhetorisch sehr begabt: Seine Bücher lesen sich auch dann noch gerne, wenn sie komplexe Sachverhalte aufzeigen. Anekdoten unterbrechen immer wieder den anstrengenden Gedankengang. Anschaulich konnte Pesch erzählen und schreiben. Bereitwillig brachte er in Eucharistiefeiern oder Abend-mahlsliturgien seine musikalischen Künste an der Orgel ein. Die Möglichkeit zu einer eucharistischen Mahlgemeinschaft aller Getauften hielt er angesichts der er-reichten ökumenischen Konvergenzen für gut begründet. In seinem Sinne wäre zu sagen: Nur Denkverweigerungen hindern noch daran.

Für das Ende seiner irdischen Lebenstage hat Otto Hermann Pesch sich eine stille Zeit im Kreis der engsten Familie gewünscht. Er sprach offen darüber, für den Fall seines Todes bereits alles entlastend geplant zu haben. Lange Reden am Grab wünschte er nicht. Es ist gewiss in seinem Sinne, ihm ein Gedächtnis zu bewahren, indem wir seine theologischen Schriften lesen. Bei Planungen zum Jahr 2017 pflegte Pesch zu sagen, er wisse ja nicht, ob er dann noch lebe. Im letzten Jahr war er diesbezüglich noch voller Zuversicht und Tatendrang. In den Gedenkjahren zum 2. Vatikanischen Konzil war er oft auf Vortragsreisen.

Möge Otto Hermann Pesch nun in Frieden ruhen und die Erfüllung seines Lebens finden: Gottbefohlen!

Dorothea Sattler

(Dorothea Sattler ist Professorin für „Geschichte und Theologie der Kirchen und kirchlichen Gemeinschaften aus der Reformation" und Direktorin des Ökume-nischen Instituts der Westfälischen Wilhelms-Universität Münster.)

Der Rat der europäischen Bischofskonferenzen (CCEE) und die Konferenz Europäischer Kirchen (KEK) veranstalteten unter der Schirmherrschaft der griechischen Präsidentschaft eine gemeinsame Konsultation zum Thema *„Wie verbessern wir die Lage der Roma-Bevölkerung in Europa? Herausforderungen und offene Fragen"*. Die Konsultation fand auf Einladung des Ökumenischen Patriarchats vom 5. bis 7. Mai in Athen statt.

Der *Zentralausschuss des Ökumenischen Rates der Kirchen (ÖRK)*, der vom 2. bis 8. Juli in Genf tagte, legte die Ausrichtung der Arbeit des ÖRK von 2014 bis 2017 fest. Außerdem beschloss er, die Pilgerreise der Gerechtigkeit und des Friedens in der Welt fortzusetzen (s. Bericht in diesem Heft, S. 540 ff).

Mit zahlreichen Gottesdiensten, Veranstaltungen und einer Schweigeminute erinnerten die Kirchen Anfang August europaweit an den Beginn des Ersten Weltkrieges vor 100 Jahren. Ein Höhepunkt war der zentrale Gedenkgottesdienst der Gemeinschaft Evangelischer Kirchen in Europa (GEKE) unter dem Leitwort *„Und richte unsere Füße auf den Weg des Friedens"* im elsässischen Gunsbach (nahe Colmar) am 3. August. Zahlreiche Christinnen und Christen aus vielen Ländern Europas, darunter auch zahlreiche Bischöfe und Leitende Geistliche aus den 94 Mitgliedskirchen, nahmen teil. Geleitet wurde der zentrale Gottesdienst vom Präsidenten der GEKE, Friedrich Weber. Die Predigt hielt Christian Krieger, reformierter Kirchenpräsident der elsässischen Kirche. Die Arbeitsgemeinschaft Christlicher Kirchen in Deutschland (ACK) war durch ihre Geschäftsführerin, Elisabeth Dieckmann, am Gottesdienst beteiligt.

Das *Ökumenische Forum Christlicher Frauen in Europa (ÖFCFE)* hielt seine 9. Vollversammlung vom 4. bis 10. August in Griechenland ab. Sie stand unter dem Motto „Born of a woman" (Gal 4,4). Christian women as a creative energy in Europe.

Die *18. Wissenschaftliche Konsultation der Societas Oecumenica* befasste sich vom 21.–26. August in Budapest mit dem Thema *„Umstrittene Katholizität: Von der zwiespältigen Beziehung zwischen Vielfalt und Einheit"*. Im Fokus standen zunächst jene Herausforderungen, denen die Kirchen durch die spätmodernen Prozesse von Individualisierung und Pluralisierung religiöser Überzeugungen ausgesetzt sind. Weiterhin wurden unterschiedliche Konzepte der Verhältnisbestimmung von Vielfalt und Einheit betrachtet. Referenten waren u. a. Henk Bakker (Amsterdam), Kirsteen Kim (Leeds), Wolfgang Lienemann (Bern), Risto Saarinen (Helsinki), Dorothea Sattler (Münster), Georgios Vlantis (München). Die Europäische Gesellschaft für Europäische Forschung „Societas Oecumenica" wurde 1978 gegründet. Rund 250 Teilnehmer tauschten sich am 27. und 28. August in Berlin zu Fragen der Mission aus. Auf dem Kongress mit dem Titel *„MissionRespekt. Christliches Zeugnis in einer multireligiösen Welt"* waren zahlreiche Konfessionen vertreten, und das nicht nur aus den Reihen der Arbeitsgemeinschaft Christlicher Kirchen in Deutschland (ACK), sondern auch aus den Reihen des evangelikalen Spektrums und von Freikirchen, die nicht oder nur als Gast ACK-Mitglied sind. In einem Abschluss-Kommuniqué bekräftigten die Teilnehmer ihre Überzeugung, dass es keine Alternative zum friedlichen Miteinander der Religionen geben könne. Die Abschlusserklärung finden Sie auf S. 548 f in diesem Heft.

Unter dem Motto *„Staunen. Forschen. Handeln. – Gemeinsam im Dienst der Schöpfung"* feierte die Arbeitsgemeinschaft Christlicher Kirchen in Deutschland (ACK) am 5. September den *Tag der Schöpfung.* Die zentrale Feier fand in München statt. Dabei stand der gemeinsame Dienst von Glaube und Wissenschaft am Erhalt der Schöpfung im Mittelpunkt.

An einer vom *Globalen Christlichen Forum (GCF)* organisierten Tagung (8. und 9. September), die sich mit *Diskriminierung und Verfolgung von Christinnen und Christen weltweit* auseinandersetzte, nahmen Vertreterinnen und Vertreter des Vatikans, des Ökumenischen Rates der Kirchen (ÖRK), der Weltweiten Evangelischen Allianz und der Weltgemeinschaft der Pfingstkirchen teil. Sie planten für 2015 eine Konsultation, die unter dem Thema *„Diskriminierung, Verfolgung und Märtyrertum"* stehen wird, und es werden Vertreterinnen und Vertreter von Kirchen und christlichen Gemeinschaften eingeladen, die in ihren lokalen Kontexten Erfahrungen der Diskriminierung gemacht haben und verfolgt wurden. Im Rahmen der Vorbereitungen auf die Konsultation werden die Organisierenden von internationalen Organisationen Daten über religiös motivierte Verfolgung sammeln. Zudem werden Besuche in mehrere Länder organisiert, um die verschiedenen Arten der religiös motivierten Verfolgung zu erkunden.

Die *Katholisch-Orthodoxe Dialogkommission* hielt vom 15. bis 23. September auf Einladung des Griechisch-Orthodoxen Patriarchats von Jerusalem ihre *Vollversammlung* in der jordanischen Hauptstadt Amman ab. Teilnehmer waren je 30 hochrangige Vertreter Roms und von 14 orthodoxen Patriarchaten und Kirchen. Im Mittelpunkt der Gespräche stand der *Primat des Papstes.* Mit diesem Thema hatten sich bereits frühere Treffen 2007 im mittelitalienischen Ravenna, 2009 auf Zypern und 2010 in Wien befasst.

Die *Interkulturelle Woche* unter dem Leitwort *„Gemeinsamkeiten finden, Unterschiede feiern"* wurde am 19. September mit einem ökumenischen Gottesdienst in der Domkirche St. Eberhard in Stuttgart eröffnet. Die Interkulturelle Woche ist eine Initiative der Deutschen Bischofskonferenz, der Evangelischen Kirche in Deutschland (EKD) und der Griechisch-Orthodoxen Metropolie. Sie wird von den Gewerkschaften, Wohlfahrtsverbänden, Kommunen, Ausländerbeiräten und Integrationsbeauftragten, Migrantenorganisationen und Initiativgruppen unterstützt und mitgetragen. An der Interkulturellen Woche beteiligen sich zahlreiche Gemeinden, Vereine, Vertreter von Kommunen und Einzelpersonen in mehr als 500 Städten, Landkreisen und Gemeinden mit rund 4.500 Veranstaltungen.

Vom 18. bis 21. September 2014 fand der *31. Internationale Kongress der Altkatholiken* in Utrecht (NL) statt. Teil des Kongresses waren die Feiern zum 125. Jahrestag der Union von Utrecht.

Jedes Jahr am 21. September ruft der Ökumenische Rat der Kirchen (ÖRK) Kirchen und Gemeinden auf, den Internationalen *Gebetstag für den Frieden* zu begehen. An diesem Tag findet auch der Internationale Tag des Friedens der Vereinten Nationen statt. Der Internationale Gebetstag wurde 2004 als Teil der ökumenischen Dekade zur Überwindung von Gewalt (2001–2010) und nach einer Vereinbarung zwischen den Leitungen des ÖRK und der Vereinten Nationen ins Leben gerufen. Der Gebetstag für den Frieden fällt außerdem in die Zeit der Schöpfung, und fällt in diesem Jahr mit dem *Interreligiösen Klimagipfel* zusammen, der im Vorfeld des Klimagipfels der Vereinten Nationen in New York stattfindet. Das diesjährige Thema der *Zeit der Schöpfung* lautet: *„Schließt euch der Pilgerreise der Gerechtigkeit und des Friedens an!"* Das Ökumenische Forum für Israel/Palästina des ÖRK lädt Mitgliedskirchen und kirchliche Organisationen ein, eine *Weltweite Aktionswoche für Frieden in Palästina und Israel* abzuhalten, beginnend am 21. September 2014. Das diesjährige Thema der Woche ist: *„Lass mein Volk ziehen!"*

„Luther. Katholizität und Reform. Wurzeln – Wege – Wirkungen", ein Symposium im Augustinerkloster in Erfurt (21. bis 25. September), veranstaltet von der Katholisch-Theologischen Fakultät der Universität Erfurt und dem Johann-Adam-Möhler-Institut für Ökumenik in Paderborn, ist als Beitrag der katholischen Kirche zum 500. Jahrestag der Reformation 2017 gedacht. In Vorträgen und Seminaren konnten sich die Teilnehmer über neue wissenschaftliche Erkenntnisse in-

formieren und in einen gegenseitigen Austausch über die Persönlichkeit Martin Luthers treten sowie eine mögliche Herangehensweise von katholischer Seite an das Gedenkjahr 2017 reflektieren. Die Beiträge des Symposiums, zu dem sich 150 Wissenschaftler, Kirchenvertreter und ökumenisch Interessierte angemeldet haben, folgten den drei Schlagworten im Untertitel: Wurzeln – Wege – Wirkungen.

Die *dritte außerordentliche Generalversammlung der Bischofssynode* fand vom 5. bis 19. Oktober im Vatikan statt unter dem Thema: *„Die pastoralen Herausforderungen der Familie im Rahmen der Evangelisierung".* Reinhard Kardinal Marx, Vorsitzender der Deutschen Bischofskonferenz, und Ute Eberl, Leiterin der Ehe- und Familienseelsorge im Erzbistum Berlin, gehörten zu den deutschen Teilnehmern.

Die *Gebetswoche für die Einheit der Christen* steht 2016 unter dem Motto *„Called to proclaim the great deeds of the Lord"* (*„Berufen, die großen Taten des Herrn zu verkündigen"*, vgl. 1 Petr 1,9.). Christen aus Lettland bereiten die Texte und den Ökumenischen Gottesdienst vor. Die Gebetswoche wird von 18. bis 25. Januar oder in der Woche vor Pfingsten gefeiert.

Auf der *Mitgliederversammlung der Arbeitsg*emeinschaft Christlicher Kirchen in Deutschland (ACK) am 1. und 2. Oktober in Magdeburg stand das Thema Religionsfreiheit auf der Tagesordnung. Angesichts der zunehmenden Verfolgung und Bedrängnis von Christen in aller Welt verabschiedete die ACK eine *Erklärung gegen Terror und Gewalt im Namen der Religion.* Weiterhin verabschiedete sie eine *Erklärung anlässlich des 100. Jahrestags des Völkermords* an den Armeniern. Auf einem Studientag gemeinsam mit den GeschäftsführerInnen der regionalen ACK beriet sie die Konsequenzen der letzten Vollversammlung des Ökumenischen Rates der Kirchen in Busan (Südkorea) im vergangenen Jahr. Diese hatte einen „Pilgerweg der Gerechtigkeit und des Friedens" ausgerufen. Die Mitgliederversammlung will nun konkrete Schritte vereinbaren, wie sie als Arbeitsgemeinschaft diesen Pilgerweg ausgestalten kann.

Der *ökumen*ische *Weltgebetstag der Frauen* hat jedes Jahr ein anderes Land im Blick: Die *Situation der Frauen auf den Bahamas* steht 2015 im Mittelpunkt. Das Thema des Gottesdienstes am 6. März 2015 ist ein Zitat aus dem Evangelium des Johannes *„Begreift ihr meine Liebe?"* (Joh 13,12). Die Wurzeln der inzwischen weltgrößten ökumenischen Basisbewegung reichen bis 1887 zurück.

Von Personen

Gabriele Kienesberger, Mitarbeiterin der Katholischen Sozialakademie Österreichs, *Eva Guldanova,* lutherische Pastorin aus der Slowakei, sowie die orthodoxe Theologin *Asea Railean* aus Moldawien sind bei der IX. Generalvollversammlung (4.–10. August) des Ökumenischen Forums Christlicher Frauen in Europa in Tinos (Griechenland) zu Präsidentinnen gewählt worden. Der Vereinigung gehören Vertreterinnen verschiedener christlicher Denominationen aus 33 europäischen Ländern an.

Die ukrainisch-orthodoxen Bischöfe haben am 13. August mit deutlicher Mehrheit ein neues Kirchenoberhaupt gewählt, das Wert auf eine gute Zusammenarbeit mit dem Moskauer Patriarchat legt: den Metropoliten aus dem west-ukrainischen Czernowitz, *Onufri.* Er tritt die Nachfolge des am 5. Juli verstorbenen Kiewer Metropoliten *Wolodymyr* an, der die Kirche 22 Jahre geführt hatte.

Melissa M. Skelton, US-amerikanische Theologin, ist die erste Frau im Bischofsamt der anglikanischen Diözese New Westminster im äußersten Südwesten Kanadas. Sie hat die Nachfolge des aus England stammenden und seit August 2013 emeritierten Bischofs *Michael Ingham* angetreten, der das Bistum seit 1994 geleitet hatte.

Anne Heitmann, bisher Pfarrerin in Ettlingen, ist seit 1. September Nachfolgerin von Susanne Labsch, als Leiterin der Abteilung Mission und Ökumene der Evangelischen Landeskirche in Baden. Weiterhin ist sie Mitglied im Zentralausschuss des Ökumenischen Rates der Kirchen.

Ulrich Lilie, evangelischer Theologe, ist am 3. September in der Nachfolge von *Johannes Stockmeier* als neuer Präsident der Diakonie Deutschland eingeführt worden.

Gothart Magaard, seit Mai im Amt, ist am 6. September mit einem Festgottesdienst im St. Petri-Dom zu Schleswig als neuer Bischof im Sprengel Schleswig und Holstein der Evangelisch-Lutherischen Kirche in Norddeutschland eingeführt worden. Er ist Nachfolger von Gerhard Ulrich, der seit 2013 der erste Landesbischof der 2012 fusionierten Nordkirche ist.

Sergije Karanovic, bisher Abt des Klosters Rmanj in Bosnien-Herzegowina, ist am 7. September in Hildesheim als neuer Bischof der serbisch-orthodoxen Diözese für Deutschland eingeführt worden. Er ist Nachfolger von Bischof Konstantin Djokic, der Ende 2012 ohne Angabe von Gründen von seiner Kirche suspendiert worden war.

Sigurd Rink, bereits seit 15. Juli im Amt, ist am 8. September als erster hauptamtlicher Militärbischof der Evangelischen Kirche in Deutschland eingeführt worden.

Annette Schavan hat dem Papst am 8. September ihr Akkreditierungsschreiben als neue Botschafterin Deutschlands beim Heiligen Stuhl überreicht. Die Katholikin und frühere Bundesministerin ist die erste Frau auf diesem Posten.

Der bisherige Berliner Erzbischof *Rainer Maria Kardinal Woelki* ist am 20. September als 95. Erzbischof seines Heimatbistums Köln, wo er von 2003 bis 2011 Weihbischof war, eingeführt worden. Er ist Nachfolger des emeritierten *Joachim Kardinal Meisner.*

Tobias Przytarski ist vom Metropolitankapitel zum Diözesanadministrator für das vakante Hauptstadt-Erzbistum Berlin gewählt worden.

Nach dem aus gesundheitlichen Gründen erfolgten Rücktritt von *Joachim Wanke* als Bischof von Erfurt war das Bistum Erfurt zwei Jahre lang vakant. Nun wird der bisherige Mainzer Weihbischof *Ulrich Neymeyr* am 22. November neuer Bischof von Erfurt.

Jacques-Noël Pérès, lutherischer Theologe und Orientalist in Paris, ist neuer Co-Präsident der 1937 gegründeten ökumenischen Arbeitsgruppe „Groupe des Dombes". Er folgt auf *Jean Tartier,* der seit 2001 in dieser Funktion amtierte. Katholischer Co-Präsident ist seit 2006 der Lyoner Theologe *Jean-François Chiron.* Der von Abt Paul Couturier (1881–1953) gegründeten „Groupe des Dombes" gehören je 20 evangelische und römisch-katholische französischsprachige Theologen an. Sie trifft sich seit 1948 jährlich Anfang September, von 1968 bis 1997 in der Zisterzienserabtei Notre-Dame des Dombes (Ain) bei Lyon, seit 1998 in der Abtei von Pradines.

Mitchell T. Rozanski, Nachfahre polnischer US-Einwanderer und bisher Weihbischof in der Erzdiözese Baltimore/Maryland, wo er u. a. Bischofsvikar für die Hispanics war, ist neuer Bischof des Bistums Springfield/Massachusetts (230.000 Katholiken). In der Bischofskonferenz ist der Nachfolger von Bischof Timothy A. McDonnell, dessen Rücktritt der Papst am 19. Juni annahm, designierter Vorsitzender der Kommission für Ökumene und Interreligiösen Dialog.

David Saperstein, Rabbiner, Jurist und Direktor des Religious Action Center der Reformjuden in Washington, ist von US-Präsident *Barack Obama* als neuer Sonderbotschafter für internationale Fragen der Religionsfreiheit vorgeschlagen worden. Der Nominierung des ersten Nicht-Christen für das 1998 geschaffene Amt muss noch der Senat zustimmen. Seit dem Ausscheiden der baptistischen-Theologin *Suzan D. Johnson Cook* im Oktober 2013 ist der Posten vakant.

Es vollendeten

das 75. Lebensjahr:

Wolfgang A. Bienert, Prof. em. für Evangelische Theologie der Universität Marburg, früherer Vorsitzender des Deutschen Ökumenischen Studienausschusses (DÖSTA), am 19. Juni;

Christine Bergmann, frühere Bundesministerin für Familie, Senioren, Frauen und Jugend (1998–2002). Von März 2010 bis Oktober 2011 war sie Unabhängige Beauftragte der Bundesregierung für die Aufarbeitung des sexuellen Kindesmissbrauchs, am 7. September;

das 80. Lebensjahr:

Gerhard Lohfink, Limburger Diözesanpriester und emeritierter Tübinger Neutestamentler (1976–1987), am 29. August;

Karl Heinz Voigt, ehemaliger Superintendent der Evangelisch-methodistischen Kirche (EmK) und Pastor im Ruhestand, profilierter Ökumeniker und Historiker, am 31. August;

Paul Josef Kardinal Cordes, ab 1980 Vizepräsident und dann Präsident des Päpstlichen Rates „Cor Unum" (1995–2010); 1983 organisierte er in Rom das erste Jugendtreffen, aus dem die Weltjugendtage entstanden sind; am 5. September.

Verstorben sind:

Helmut Starck, früherer Vorsitzender des landeskirchlichen Ausschusses der Evangelischen Kirche im Rheinland „Christen und Juden" sowie Mitglied der gleichnamigen Arbeitsgruppe der EKD, im Alter von 83 Jahren, am 7. August;

David Russell, früherer anglikanischer Bischof von Grahamstown/Südafrika (1987–2004), kämpfte gegen das Apartheidsystem, im Alter von 75 Jahren, am 17. August;

Samuel Isaak, früherer stellvertretender Direktor der ÖRK-Kommission für zwischenkirchliche Hilfe, Flüchtlings- und Weltdienst (1980 bis 1996), im Alter von 72 Jahren, am 20. August;

Longin (Talypin) von Klin, russisch-orthodoxer Erzbischof und Leiter der Ständigen Vertretung der Russischen Orthodoxen Kirche in Deutschland und der Europäischen Union, im Alter von 68 Jahren, am 25. August;

Wolfhart Pannenberg, evangelischer Theologe und Ökumeniker, im Alter von 86 Jahren, am 4. September (s. Nachruf i. d. Heft, S. 550 ff);

Otto Hermann Pesch, langjähriger Mitherausgeber der Ökumenischen Rundschau und Professor für systematische Theologie an der evangelisch-theologischen Fakultät der Universität Hamburg, im Alter von 82 Jahren, am 8. September (s. Nachruf i. d. Heft, S. 553 f).

Zeitschriften und Dokumentationen

I. Ökumenische Bewegung
   Dagmar Heller, Moralisch-ethische Urteilsbildung in der ökumenischen Diskussion, UnSa 3/14, 162–171;
   Friedrich Weber, Kirchengemeinschaft – ihre Realität im Meissen-Prozess, ebd., 230–242;
   Volker Leppin, Woher die Aufregung? Die evangelische Seite bleibt bei dem Weg der Ökumene, KNA-ÖKI 33/14, Dokumentation I–II;
   Ulrich Körtner, Keine antikatholische Haltung. Das Reformationsjubiläum wird zur ökumenischen Bewährungsprobe, ebd., Dokumentation V–VII;
   Romi Marcía Bencke, Ein religiöses Machtzentrum. Christliches Zeugnis in einer multireligiösen Welt: Eine Sichtweise aus Brasilien, ebd. 36/14, Dokumentation I–V.

II. Ehe und Familie
   Uta Andrée, Die Familien-Orientierungshilfe des Rates der EKD im Licht weltweiter Ökumene, UnSa 3/14, 171–183;
   Rosemarie Wenner, Eheverständnis und Familienbild – wie kommt die Evangelisch-methodistische Kirche zu verbindlichen Aussagen?, ebd., 184–194;
   Elmar Kos, Ethik und Empirie: Die Suche nach einer angemessenen Zuordnung in der römisch-katholischen Moraltheologie, ebd., 195–206;

   Rupert Scheule, Sakrament der Schwierigkeiten. Schlaglichter auf den aktuellen Ehediskurs in der katholischen Theologie, ebd., 207–220;
   Anargyros Anapliotis, Grundzüge des orthodoxen Eherechts, ebd., 221–229;
   Sabine Demel, (K)ein Widerspruch? Unauflöslichkeit der Ehe und Zulassung zu einer Zweitehe, HerKorr 6/14, 303–307.

III. Apokalypse in Zeiten der Postmoderne
   Veronika Bachmann, Einer tragfähigen Ordnung auf der Spur. Zu den Anfängen apokalyptischen Schreibens im Judentum, concilium 3/14, 253–260;
   Carlos Mendoza-Álvarez, Eschatologie und Apokalypse in Zeiten der Postmoderne. Aus der Perspektive der Opfer und der Gerechten der Geschichte, ebd., 285–293;
   Joaquin García Roca, Apokalypse und globale Krise, ebd., 294–306.

IV. Weitere interessante Beiträge
   Mathias Trennert-Helwig, Papst, Kaiser, Konzil. 600 Jahre Konzil von Konstanz, HerKorr 5/14, 239–245;
   Grégorie Jean, Jean Leclercq, Amnistie, pardon, réconciliation. Une insoutenable et dangereuse équation, Revue théologique de Louvain 1/14, 52–77;

Unsägliche Verbrechen. *Päpstlicher Rat für den Interreligiösen Dialog* verurteilt „Kalifat" im Irak, KNA-ÖKI 34/14, Dokumentation I–II;

Magnus Striet, Aufschlussreiche Aufregung. Zur Diskussion um den EKD-Grundlagentext zum Reformationsjubiläum, HerKorr 9/14, 443–447;

Rainer Sörgel, Das Gottesbild als Chance zur Einheit. Versuch einer ökumenischen Verständigung zwischen Martin Luther und Eugen Biser, StimdZ 9/14, 612–620;

Gerhard Marschütz, Wachstumspotenzial für die eigene Lehre. Zur Kritik der vermeintlichen Gender-Ideologie, HerKorr 9/14, 457–462;

Ursula Nothelle-Wildfeuer, Eine Frage der Authentizität. Arme Kirche – Kirche der Armen, StimdZ 9/14, 579–590.

V. Dokumentationen
Themenheft: The Pilgrimage of Justice and Peace, mit Beiträgen u. a. von *Olav Fykse Tveit,* The Pilgrimage of Justice and Peace (123–134); *Dagmar Heller,* Reflections on the Pilgrimage of Justice and Peace (135–138); *Deenabandhu Manchala,* Theological Reflections on Pilgrimage (139–145); *Nyambura Njoroge,* A Pilgrimage of Public Witness and Diakonia (146–149); *Martin Robra,* A Trinitarian Perspective on a Pilgrimage of Justice and Peace (150–153); *Leymah Gbowee* and *Archbishop Thabo Makgoba,* Nonviolence and Peacemaking (154–156), *Jim Wallis,* The Good Samaritan Goes Global (157–163); *Clare Amos,* Fear and Joy on the Pilgrimage (164–167); *Fr Ioan Sauca,* The Pilgrimage of Justice and Peace: An Ecumenical Paradigm for Our Times: An Orthodox Viewpoint (168–176); *Rodney L. Petersen,* Is Forgiveness Possible?: Reconciliation as a Key Ecumenical Mandate (177–190); *Rowan Williams* and *Michael Lapsley,* The Journey toward Forgiveness: A Dialogue (191–213); *Peter-Ben Smit,* Imagining a Pilgrimage of Justice and Peace : Catholicity and Contextuality (214–225), EcRev 2/14.

Der Sonn- und Feiertagskalender für das Kirchenjahr 2014/2015 mit dem Titel *„Das Kirchenjahr – Evangelischer Sonn- und Feiertagskalender",* herausgegeben von der Liturgischen Konferenz, kann im Abonnement (oder auch einzeln)zu einem Preis von 2,50 Euro unter der Telefonnummer 0511-2796-460 bestellt werden.

Ein Herr, ein Glaube, eine Taufe (Eph 4,5). Ermutigung für die ökumenische Arbeit in den Gemeinden, Handreichung zur Ökumene aus dem Bistum Münster, anlässlich des 50. Jahrestages des Ökumenismusdekrets des Zweiten Vatikanischen Konzils. Die Broschüre kann bestellt werden beim Bischöflichen Generalvikariat Münster, Fachstelle Theologische Grundfragen und Ökumene, Domplatz 27, 48143 Münster, Telefon 0251-495-319 oder Email selig@bistum-muenster.de.

Neue Bücher

HANDBUCH DER KARDINÄLE

Martin Bräuer, Handbuch der Kardinäle 1846–2012. De Gruyter, Berlin/Boston 2014. 758 Seiten. Gb. EUR 69,95.

In einem neuen „Handbuch der Kardinäle" hat der Catholica-Referent des Konfessionskundlichen Institutes des Evangelischen Bundes in Bensheim Biografien der Kardinäle, die in den Amtszeiten der Päpste Pius IX. (1846–78) bis Benedikt XVI. (2005–13) kreiert wurden, zusammengetragen. In einem einführenden Teil in Geschichte und Gegenwart, Aufgaben und Bedeutung des Kardinalskollegiums werden die Veränderungen und Wandlungen dieses einzigartigen Gremiums nachgezeichnet. Ein Glossar bietet Erläuterungen zu häufig gebrauchten und wichtigen Begriffen und ein Personenregister rundet dieses Werk, welches sowohl als Printausgabe als auch E-Book im renommierten Verlag De Gruyter in Berlin erschienen ist, ab.

Die Präsentation der Biografien folgt jeweils dem gleichen Muster, sie gibt Einblicke in Herkunft, Studium, wissenschaftliche und pastorale Laufbahn und ordnet mitunter auch bestimmten theologischen Lagern zu. Bisweilen finden sich auch Hinweise auf biografische Brüche wie z. B. bei dem Jesuitenkardinal

Billot, der 1927 auf sein Kardinalsamt verzichten musste (221) oder dramatische Situationen wie ein christliches Leben im Martyrium wie z. B. bei dem vietnamesischen Kardinal Nguyen Van Thuan (592). Die stringente Einhaltung dieses inneren Gliederungsprinzips in der Darstellung der Biografien bewahrt den Autor auch davor, einzelne Persönlichkeiten zu protegieren.

Da das Kardinalskollegium vor allem seit dem 19. Jahrhundert vielfältige Veränderungen erfahren hat, sind die jeweils dargestellten theologischen und kirchlichen Werdegänge von besonderem Interesse. Sie geben Einblick in das je Besondere – bei aller römisch-katholischen Katholizität – der Diözesen und Bistümer. Es macht schon einen Unterschied, ob ein Kardinal evangelisch getauft, als Jugendlicher der katholischen Kirche beitritt und danach die differenziertesten Bildungsmöglichkeiten der katholischen Kirche in Deutschland durchlaufen kann, sich international bewegt, um womöglich noch in der Kurie zu wirken. Oder ob ein zukünftiger Kardinal in einer afrikanischen Diözese aufgewachsen ist, dort sozialisiert, Seminare besucht und sehr stark von diesem kulturellen Kontext nicht nur geprägt sondern bestimmt bleibt. Die römisch-katholische Weltkirche hat auch die Chancen und die Herausforderungen der Inkulturation zu verarbeiten. Zugleich zeigen die Biografien auch, dass es keine sozialen, ethnischen, kulturellen Barrieren im Zugang zum Kardinalskollegium mehr gibt.

Nun leistet das Handbuch der Kardinäle aber noch mehr als biografisches Material vorzustellen. Gut nachvollziehbar beschreibt der Autor die wesentlichen Entwicklungen. So benennt er z. B. auch die Kritik Wilhelm von Ockhams, der im Kardinalsamt eine willkürliche Einsetzung des Papsttums sieht, ebenso wie die Reformvorschläge zur Wahl der Kardinäle, die Nikolaus von Kues vorträgt. Somit ist es dem Autor gelungen, die Personen in die Institution einzuzeichnen, bzw. die Wandlungen der Institution in der Beschreibung der Funktion, der Würde und des Amtes eines Kardinals darzustellen.

Martin Bräuer hat das grundlegende Werk zu den Kardinälen der Jahre von 1846–2012 vorgelegt. Dass ein solches Grundlagenwerkes über katholische Angelegenheiten von einem evangelischen Theologen verfasst wird, ist ungewöhnlich, setzt Empathie voraus und ist ein Zeichen bester ökumenischer Haltung. Das Werk hilft Entwicklungen dieses herausragenden Amtes der katholischen Kirche nachzuvollziehen, es schenkt Konfessionskundlern einen sichern Fundus an Details, bzw. öffnet den Horizont für weitere Recherchen und lässt zugleich durch den manchmal blen-

denden äußeren Glanz des Kardinalamtes die christliche Existenz ganz normaler Mitmenschen erkennen. Gerade das Schwanken zwischen theologisch-geistlicher Existenz und dem Ausbau privilegierter und nicht selten autoritärer Machtpositionen, mitunter auch auf ökonomische Vorrangstellung, zeigt aber auch die Gefährdungen und Versuchungen, die Institutionen mit ihren Hierarchien auf Menschen ausüben.

Friedrich Weber

DAS EVANGELISCHE PFARRHAUS

Thomas A. Seidel, Christopher Spehr (Hg.), Das evangelische Pfarrhaus. Mythos und Wirklichkeit. Evangelische Verlagsanstalt, Leipzig 2013. 220 Seiten. Kt. EUR 24,–.

Bücher zu diesem Thema (und mit fast dem gleichen Titel) gibt es etliche – so z. B. „Das evangelische Pfarrhaus" von *Martin Greiffenhagen,* „Das evangelische Pfarrhaus. Ein Haus zwischen Himmel und Erde" von *Tina Fritzsche* und *Nicole Pagels,* „Das deutsche Pfarrhaus. Hort des Geistes und der Macht" von *Christine Eichel,* „Der Pfarrer und das Pfarrhaus" von *Fulbert Steffensky,* „Das evangelische Pfarrhaus heute" von *Richard Riess* und andere. Nicht zuletzt ist in diesem Zusammenhang auch die Publikation aus dem Jahr 2013 zu nen-

566 nen, die unter dem Titel „Leben nach Luther. Eine Kulturgeschichte des evangelischen Pfarrhauses" im Auftrag der EKD in Zusammenarbeit mit der Internationalen Martin Luther Stiftung herausgegeben worden ist. Auch der hier zu besprechende Band greift das Thema auf und versteht sich dabei als Ergänzung zu dem letztgenannten Werk, das wiederum Begleitband zur gleichnamigen Ausstellung ist, die bis zum März 2014 im Deutschen Historischen Museum in Berlin zu sehen war. Weitere Impulse für das Zustandekommen dieses neuen Sammelbandes sind ein Kolloquium zum Thema „Das Pfarrhaus als Gegenstand interdisziplinärer Forschungen", das 2011 an der Universität Jena durchgeführt wurde, sowie die Erschließung des im Lutherhaus in Eisenach aufbewahrten Pfarrhausarchivs durch den Jenaer Lehrstuhl für Kirchengeschichte.

Das Thema Pfarrhaus hat also Konjunktur – nicht zuletzt aufgrund der Reformationsdekade, die im Hinblick auf das Reformationsjubiläum im Jahr 2017 konzipiert worden ist und sich im Jahr 2014 mit dem Thema „Reformation und Politik" beschäftigt. Für Diskussionsstoff sorgt das Pfarrhaus freilich nicht nur in historischer Perspektive, sondern vielleicht noch mehr im Hinblick auf seine Zukunft (vgl. die umfangreiche Auseinandersetzung mit dem Thema, die im Deutschen Pfarrerblatt in Heft 9/2011 dokumentiert worden ist). Demographische

Entwicklung, Strukturwandel in der Kirche, sinkende Mitgliederzahlen nötigen vielerorts – insbesondere in kleineren Landgemeinden – zur Aufgabe bzw. Umnutzung von Pfarrhäusern. Dazu kommt die Debatte, ob es angesichts des Nachwuchsmangels heute noch zeitgemäß ist, an der Residenzpflicht festzuhalten. Was das Leben im Pfarrhaus bedeutet im Hinblick auf die gegenwärtigen Herausforderungen in Familie und Berufsleben, das kommt auch in diesem Buch zur Sprache. Dabei wird einmal mehr deutlich: Das Leben im Pfarrhaus ist anders, und es hat sowohl Vor- als auch Nachteile. Die Vorteile benennt *Axel Noack* in seinem Beitrag „Kontinuitäten und Umbrüche": Demnach zeichne sich das evangelische Pfarrhaus auch heute noch dadurch aus, dass es in der Regel viel Platz biete, sich in einer hervorragenden Wohnlage befinde und dass dort Literatur und Musik geschätzt würden. Dadurch biete es gute Voraussetzungen dafür, ein „offenes Haus" zu sein – was jedoch heute wegen der Diversifizierung von Lebensentwürfen, dem gesteigerten Bedürfnis nach Privatheit und nicht zuletzt wegen der ständigen Arbeitsverdichtung im Pfarrdienst zunehmend seltener anzutreffen sei (152–154). Damit sind wir schon bei den Belastungen, die das Leben im Pfarrhaus mit sich bringt (nicht zuletzt für die Familienangehörigen von Pfarrerin oder Pfarrer): die mangelnde Trennung von Familie und Beruf, zu wenig Freizeit und

Privatsphäre – ein „Leben im Glashaus", wie es oftmals genannt wird.

Wenn oben zusammengefasst wurde „Das Leben im Pfarrhaus hat sowohl Vor- als auch Nachteile", dann ist das eine Binsenwahrheit, und es beschönigt ein Problem. Denn bei allem Für und Wider ist unübersehbar: Diejenigen, die betroffen sind, die es wissen müssen, nämlich die Pfarrer und ihrer Familien, entscheiden sich immer häufiger (wenn sie die Möglichkeit dazu haben) für ein Leben jenseits von Pfarrhaus und Gemeindedienst. Der stete Drang hin zu Sonderpfarrämtern und Funktionsstellen spricht hier eine deutliche Sprache. Welche Konsequenzen daraus zu ziehen sind, wird kontrovers diskutiert – und auch in diesem Buch stehen die Meinungen dazu unverbunden nebeneinander: Während *Klaus Raschzok* kategorisch feststellt „Die Zeit der Pfarrhäuser ist vorbei." (189), plädiert *Axel Noack,* ehemaliger Bischof in Sachsen, gar dafür, dass „alle Mitarbeiterinnen und Mitarbeiter, die bei der Kirche zu mindestens 50 Prozent beschäftigt sind (eingeschlossen Sonderpfarrstellen, Verwaltungsmitarbeiter, möglicherweise auch die Mitarbeitenden in der Diakonie etc.) grundsätzlich verpflichtet werden, in einem Pfarrhaus zu wohnen. Dann könnten wir alle unsere Pfarrhäuser gut besetzen [...]". (162) *Jochen Bohl,* ebenfalls Bischof in Sachsen, spricht von einer „weitgehenden Konfliktarmut" im Hinblick auf das Pfarrhaus, die er „erstaunlich" findet (198) – hier scheint wohl eine spezifisch kirchenleitende Sicht auf dieses Thema zum Ausdruck zu kommen.

Ein gewisser Schwachpunkt an diesem Buch besteht darin, dass die redaktionelle Tätigkeit der Herausgeber zu wenig erkennbar wird: Nicht nur, dass die einzelnen Beiträge ziemlich unverbunden nebeneinander stehen; es gibt auch zahlreiche inhaltliche Überschneidungen (insbesondere die oft wiederholte Aussage, die Entwicklung des deutschen Pfarrhauses sei „eine Erfolgsgeschichte"; vgl. 37). Auch bleibt die zeitliche Einordnung mancher Behauptungen merkwürdig unklar – etwa, wenn *Klaus Raschzok* in seinem Beitrag Wolfgang Steck zitiert und nicht deutlich wird, ob damit der Reflexionsstand aus dem Jahr 1983 oder von 2000 wiedergegeben wird. Die massiv idealisierende Tendenz lässt die Darstellung jedenfalls nicht mehr als zeitgemäß erscheinen. (Eine Kostprobe: „Wie ein Seelsorger redet er [der Pfarrer] mit seinen Kindern, wie ein Liturg zelebriert er Tischgebet und Abendlied. Die Ritualisierung des Lebens verdichtet sich im Ablauf des familiären Tagesrhythmus. Und das Medium seines Berufs, die Sprache, wird nirgends intensiver gepflegt als in den Gesprächen, die tags und nachts im Pfarrhaus geführt werden."; 179). Überhaupt findet sich in den Beiträgen eine zu große Anhäufung von einschlägigen Zitaten, zu wenig Originelles. Damit soll jedoch nicht in Abrede gestellt werden, dass dieser Band eine anregende Zusammenstellung von Beiträgen zur Geschichte und Zukunft des Pfarrhauses in Deutschland bietet – und damit zu einem Thema, das für das Leben der evangelischen Kirche von großer Bedeutung ist.

Jutta Koslowski

GLOBALISIERUNG DER KIRCHEN

Katharina Kunter/Annegreth Schilling (Hg.), Globalisierung der Kirchen. Der Ökumenische Rat der Kirchen und die Entdeckung der Dritten Welt in den 1960er und 1970er Jahren. Vandenhoeck & Ruprecht, Göttingen 2014. 379 Seiten. EUR 84,99.

Der Band, der in den „Arbeiten zur Kirchlichen Zeitgeschichte" erschienen ist, und Ergebnisse eines von der Deutschen Forschungsgemeinschaft geförderten Projektes zusammenfasst, gehört zur Avantgarde von Veröffentlichungen, die sich mit Themen und Personen der ökumenischen Bewegung von 1945 bis 1975 beschäftigen. Es ist den insgesamt 12 Autoren und Autorinnen gelungen, den Weg von der Nachkriegsökumene zur Weltgemeinschaft nachzuzeichnen. Die Stichworte Menschenrechte, Sozialismus und Befreiung sowie das Ringen um Einheit zwischen Ost und West, Nord und Süd markieren die weiteren Themenbereiche. Schließlich geht es in dem Band um die Entwicklung eines globalen Bewusstseins und um die transnationale kirchliche Wechselwirkung.

Was so theoretisch klingt, ist praktisch erlitten und erkämpft worden. Der Sonderfonds des Ökumenischen Rates der Kirchen hat z. B. Anfang der 70er Jahre die Kritiker und die Befürworter innerlich und äußerlich zerrissen. Er hat auch die kirchlichen Stellungnahmen im Osten und Westen Deutschlands unterschiedlich geprägt. Und was das Thema Armut oder seit der Vollversammlung des ÖRK in Uppsala 1968 die weltweite Gerechtigkeit betrifft, so besteht die Herausforderung an den Norden der Welt bis heute fort, eine gerechte Weltwirtschaftsordnung zu fordern und mitzugestalten. Auch wenn derzeit regionale Kriege wieder geführt werden, was nach dem Kalten Krieg und der Dekolonisierung der „Dritten Welt" für überwundbar gehalten wurde, bleibt die Bemühung der Kirchen um einen „gerechten Frieden" ein Ziel, für das sich Chris-ten und Kirchen einsetzen müssen – auch wenn ein Riss durch die Kirchen bei der neu gestellten Frage nach einem „gerechten Krieg" geht, mit dem humanitäre Ziele verfolgt werden.

Was den Wechsel von einer angelsächsisch geprägten diplomatischen Intervention hin zu einer strukturell politischen ab Mitte der

70er Jahre betrifft, so kann man fragen, ob damit nicht auch Informationen und Kontakte verlorengegangen sind, die für das Thema Religionsfreiheit relevant sind. Jedenfalls ist das Kapitel über „die Menschenrechte" (189 f) nicht nur im Rückblick interessant, sondern auch im Blick auf die zukünftige engere Zusammenarbeit von protes-tantischen und orthodoxen Kirchen in osteuropäischen Staaten und im Nahen Osten.

Sehr hilfreich sind die „Biographischen Profile" zu Personen, die für die ökumenische Bewegung wichtig sind, angefangen von Willem Visser 't Hooft über Philip Potter bis zu Elisabeth Adler und Ernst Lange. Dieses Namenskompendium auf 25 Seiten ist auch für ökumenisch Informierte eine bereichernde Quelle.

Insgesamt gibt der Band einen interessanten Überblick über die gewachsene Weltverantwortung der ökumenischen Bewegung der letzten 40 Jahre, allerdings unter Ausklammerung der theologischen Bemühungen um die Einheit der Kirchen. Das „Praktische Christentum", das nach dem Ersten Weltkrieg von Erzbischof Nathan Söderblom aus Uppsala in Gang gesetzt wurde und von Dietrich Bonhoeffer nach dem Zweiten Weltkrieg entscheidende Impulse erhielt, ist angesichts neuer globaler Herausforderungen trotz der gegenwärtigen organisatorischen Schwäche der Genfer Ökumene ein Pfund, mit dem sich wuchern lässt.

Dem Ökumenischen Institut in Bossey und dem kleiner gewordenen Stab des ÖRK wird zu Recht für die personelle und inhaltliche Hilfe gedankt. Ohne die Präsenz vieler in und um Genf ansässigen Zeitzeugen wären viele Ideen „abgehoben" und nicht „geerdet" worden. Auch ihnen wird vielmals gedankt.

Rolf Koppe

GESAMTAUSGABE KARL BARTH

Karl Barth, Vorträge und kleinere Arbeiten 1930–1933, Karl Barth Gesamtausgabe Abtlg. III (Bd. 49), hg. von Michael Beintker, Michael Hüttenhoff und Peter Zocher. Theologischer Verlag Zürich, Zürich 2013. 654 Seiten. Gb. mit SU, EUR 115,--.

Wer hat schon Platz für die mittlerweile 50 Bände der Barth-Gesamtausgabe, geschweige denn Zeit, sie alle zu lesen? Dieser Band jedoch gehört nicht nur auf den Schreibtisch unverbesserlicher Barthianer, sondern verdient breite Aufmerksamkeit, und das aus zwei Hauptgründen: Zum einen dokumentiert er Aufsätze, Vorträge und Separata aus einer der spannendsten Arbeitsphasen Barths. Deren Eckdaten sind das Erscheinen des für die Kirchliche Dogmatik methodisch wichtigen Anselm-Buchs „Fides quaerens intellectum" (niedergeschrieben 1930/31) und deren Teilband I/1 (abgeschlossen August

1932). Nach der „Christlichen Dogmatik" von 1927, die Barth später als Fehlstart bezeichnete, befinden wir uns in diesen Jahren also im Labor einer Theologie, die die Wort-Gottes-Theologie trinitarisch entfaltet und darüber zu einem der Großwerke evangelischer Dogmatik überhaupt wird. Zum anderen dokumentiert der Band den wachen Zeitgenossen Barth, der sich im beginnenden Kirchenkampf engagiert, ihn maßgeblich prägt und dabei – auch und gerade in den eigenen Reihen – keinem Streit aus dem Wege geht. Beide Aspekte, der Dogmatiker und der Zeitgenosse, sind ohne einander nicht zu haben.

Der bekannteste Text des Bandes ist Barths Programmschrift „Theologische Existenz heute!" von Ende Juni 1933, in dem er die Theologie der Deutschen Christen für blanke Häresie erklärt („ich sage unbedingt und vorbehaltlos Nein zum Geist und Buchstaben dieser Lehre", 324) und mit Positionen, die dazu den Ausgleich suchen, hart ins Gericht geht. Dieses Werk, bis zu seiner Beschlagnahmung im Sommer 1934 in 37.000 Exemplaren verbreitet, wurde zuletzt 2009 nachgedruckt und mehrfach übersetzt (Nachweis 619). Es liegt hier nun in einer ausführlich eingeleiteten, mit textkritischem Apparat versehenen und mit gut 170 Fußnoten gelehrt kommentierten Ausgabe vor (271–363), die zudem durch den hier erstmals vollständig vorgelegten Entwurf eines geplanten Teils II komplettiert wird (364–382). Zweifelsohne ist dies die ab jetzt maßgebliche Edition dieses Schlüsseltextes.

Die zuvor dokumentierten Vorträge sind größtenteils gut bekannt, weil sie etwa im Sammelband „Theologische Fragen und Antworten 3" etliche Verbreitung fanden. Aber auch für sie – u. a. „Die Theologie und die Mission in der Gegenwart" und „Das Erste Gebot als theologisches Axiom" – gilt, dass sie durch Einleitung und Kommentierung in ihrer mannigfachen Kontextverzahnung noch einmal deutlicher und sprechender werden. Ein im Jahr 1931 vor großem Publikum in Berlin gehaltener Vortrag „Die Not der Kirche" lohnt für Evangelische die selbstkritische Relektüre auf dem Weg zu den für 2017 anberaumten Feierlichkeiten. Barth befasst sich mit der „Not ihrer heutigen Existenz" (74), die er in Formen der Selbstbespiegelung und Selbstgenügsamkeit gefangen sieht. Er schärft ein, dass sie nur der „irdische Leib ihres himmlischen Hauptes" ist (83) und diagnostiziert, wie sie davor wahlweise in Unsichtbarkeit und Innerlichkeit oder aber in eine selbstzufriedene Sichtbarkeit des von ihm perhorreszierten *ecclesiam habemus* flieht. Das ist hilfreich auch für heute: Denn neben den theologisch notwendigen Debatten, was denn der Kern des reformatorischen Gedankens sei und wer zu Recht als ihr Subjekt gelten könne, geht es dieser Tage ja nicht nur manchmal um Besitz-standswahrung und die Erringung von Interpretationshoheit. Da lohnt es, zu hören: „Was heißt denn ‚haben‘, wenn es sich um das Evangelium von Jesus Christus handelt?" (104)

Der theologische und der politische Barth sind nur gemeinsam zu haben, und so durchzieht den ganzen Band die Diagnose, dass eine Theologie, die sich als Teil der Kultur begreift, in dringendster Gefahr steht, dem kulturellen Ungeist des Nationalismus und der deutsch-christlichen Häresie zu verfallen, was nichts anderes bedeutet, als einem falschen Gott hinterherzulaufen – eindrücklich in dem kurzen und ungeschützt argumentierendem Opusculum „Fragen an das Christentum" von 1931 nachzulesen (141–155). Gleichwohl stellen die Kleinschriften aus der zweiten Hälfte des Jahres 1933 ein zunehmend eigenes Genre dar: Mit der Berliner Rede „Reformation als Entscheidung" (516–552) liegt noch ein gänzlich theologisch argumentierender Text vor, der aber doch in den Aufruf mündet, „Widerstand zu leisten" (548). Kleinere Texte aus diesen Monaten, zumeist Vorworte für die seit dieser Zeit laufende Schriftenreihe „Theologische Existenz heute", kommentieren tagesaktuell das kirchenpolitische Geschehen und dokumentieren dabei unter anderem den Bruch mit Friedrich Gogarten und Barths seinerzeitiges heftiges Unbehagen an seinem späteren Weggefährten Martin Niemöller. Die „Gegenthesen zu den Rengsdorfer Thesen", eines deutschchristlichen Credos, stellen in knappen Worten die unerträgliche Häresie der sog. Glaubensbewegung fest (558–566).

Edition und Kommentar können nur als rundheraus gelungen bezeichnet werden: Die Einleitungen verorten die Texte kundig (und zeigen nebenbei, dass Eberhard Buschs Biographie nach wie vor unüberholt ist), Fußnotenkommentar, mitgeführte Originalpaginierung, Apparat und Register (Bibelstellen, Namen, Sachen) erleichtern die Erschließung. Die Mühen der fast zwanzigjährigen Erarbeitung dieses Bandes (XII) müssen erheblich gewesen sein – viele Leserinnen und Leser werden dafür danken.

Martin Hailer

PAULUS NEU GELESEN

Norbert Baumert, Christus – Hochform von ‚Gesetz‘. Übersetzung und Auslegung des Römerbriefes (= Paulus neu gelesen). Echter Verlag, Würzburg 2012. 463 Seiten. Pb. EUR 19,80.

Über Zielgruppe, Ansatz und Eigenart der Paulus-Kommentare von Norbert Baumert SJ ist an dieser Stelle mit Blick auf die in den Jahren 2007 und 2008 erschienenen Bände zu den beiden Korintherbriefen schon ausführlich berichtet worden (ÖR 61 [2012], 108, 111; 2009 kam auch der Kommentar zum Galater- und Philipperbrief heraus). Für den jetzt vorliegenden Römerbrief-Kommentar konnte der Verfasser auf die besonders ausführlichen Vorarbeiten seines „Frankfurter Paulus-Kreises" zurückgreifen (N. Baumert, NOMOS und andere Vorarbeiten zur Reihe „Paulus neu gelesen". Mit Beiträgen von Joachim Meißner, Sebastian Schneider, Thomas Schumacher, Klaus Mertes, Maria-Irma Seewann, Hans-Peter Riermeier, George Kudilil. Echter Verlag, Würzburg 2010, vgl. dazu meine Besprechung in ThLZ 136 [2011], 885–886). Weitere Paulus-Studien, die hier auch schon angezeigt worden sind (Charisma – Taufe – Geisttaufe. Band 1: Entflechtung einer semantischen Verwirrung. Band 2: Normativität und persönliche Berufung. Würzburg 2001 [ÖR 54 (2005), 119–121]; KOINONEIN und METECHEIN – synonym?, Würzburg 2003 [ÖR 56 (2007), 407 f]), belegen die Breite und Tiefe der exegetischen und theologischen Erschließungsarbeit, die Baumerts Auslegung zugrunde liegt.

Auf eine ganz knappe Einleitung (zwei Seiten) folgt die ausführliche Textauslegung (mehr als 300 Seiten), an die am Ende noch 15 Exkurse, vorwiegend zu philologischen Einzelfragen (aber etwa auch zur Struktur der Argumentation in Röm 1,18–3,20 und zur Frage der Homosexualität in Anknüpfung an Röm 1,27), angeschlossen sind (ca. 45 Seiten). Zu der mit typographisch abgehobenen Paraphrasierungen durchsetzten „Arbeitsübersetzung" (ca. 65 Seiten) werden in zahlreichen Fußnoten Hinweise auf die exegetischen Studien des „Frankfurter Paulus-Kreises" gegeben, dazu auch immer wieder textkritische Verweise auf Lesarten des P46, dem Baumert gegenüber der Handausgabe von Nestle-Aland den Vorzug gibt. In der Auslegung verweist er darüber hinaus fortlaufend auf die Römerbrief-Kommentare von Schlier, Cranfield, Wilckens, Zeller, Haacker, Lohse und Wengst. Literaturverzeichnisse und Register runden den Band ab.

In einem „Schlusswort" fasst Baumert seine eigene Lesart des Römerbriefs noch einmal auf knapp 15 Seiten im Gespräch mit der Auslegungsgeschichte zusammen: An der Väterauslegung kritisiert er (mit Karl Hermann Schelkle) eine zunehmend antijüdische Tendenz und ein dogmatisierendes Verständnis paulinischer Begriffe. Kritisch setzt er sich (unter Berufung auf Volker Stolle) auch mit Luthers Paulusverständnis im Sinne des *simul iustus et peccator* auseinander. Aus der protestantischen Exegese des 20. Jahrhunderts greift er (unter Verweis auf Michael Theobald) mit wenigen Bemerkungen Karl Barth, Adolf Schlatter, Rudolf Bultmann und Ernst Käsemann heraus und geht abschließend noch kurz auf Jacob Taubes und Martin Buber ein –

hier bleibt freilich vieles sehr skizzenhaft.

Mit dem von Buber übernommenen Begriff des (wechselseitigen!) Trauens (für Glauben) möchte Baumert das theologische Zentrum des Römerbriefes erfassen: „Was aber in Abraham vorgebildet ist, das wird in Christus nun in einer Hochform verwirklicht (...): Trauen als Weg der Erlösung" (438 zu Röm 3,21–31, vgl. dazu auch den Titel des Bandes, der sich zudem auf Röm 10,4 stützt).

Karl-Wilhelm Niebuhr

DIE BIBEL

Arbeitsgemeinschaft Christlicher Kirchen in Deutschland (Hg.), Die Bibel neu als Schatz entdecken. Frankfurt a. M. 2014. Br. 132 Seiten. EUR 3,–.

Alle Mitgliedskirchen der Arbeitsgemeinschaft Christlicher Kirchen in Deutschland (ACK) betrifft die Reformation, auch wenn sie das Ereignis aus unterschiedlicher Perspektive beurteilen. Es ist deswegen auch nicht allein Sache der EKD, der 500. Wiederkehr der Veröffentlichung der 95 Thesen durch Martin Luther zu gedenken oder sie zu feiern. Dass es hierbei allerdings nicht um die triumphale Selbstdarstellung und -inszenierung einer „Kirche der Freiheit" geht, hat die EKD längst klargemacht. Die Wiederentdeckung des befreienden Evangeliums und die dadurch in Bewegung gekommene Reform der Kirche an „Haupt und Gliedern", aber auch die Wirkung des reformatorischen Aufbruchs in die Gesellschaft hinein, sind die Themen, die faszinieren. Die in der ACK verbundenen Kirchen und kirchlichen Gemeinschaften haben sich mit Beginn der von der EKD ausgerufenen Reformationsdekade um einen angemessenen und gemeinsamen Zugang und um eine entsprechende Beteiligung bemüht. Diese Absicht entspricht dem Selbstverständnis der ACK und der Selbstverpflichtung in Leitlinie 4 der Charta Oecumenica, „auf allen Ebenen des kirchlichen Lebens gemeinsam zu handeln, wo die Voraussetzungen dafür gegeben sind und nicht Gründe des Glaubens oder größere Zweckmäßigkeit dem entgegenstehen".

Gemeinsam ist den Mitgliedern der ACK die Konzentration auf die Bibel. Mit dem vorliegenden Band beantworten die Mitgliedskirchen der ACK die Frage, wie sie die Bibel lesen und verstehen, welche Rolle sie im Gottesdienst, in der Lehre, in der Seelsorge, in Bildungszusammenhängen und vor allem für den Einzelnen in den unterschiedlichen Kirchen spielt. Nun hatten die Reformatoren durchaus differente Zugänge zur Bibel. Dies gilt aber nicht nur für diese, sondern für alle christlichen Kirchen. Die unterschiedlichen Zugänge zur Heiligen Schrift können Gegenstand des Ge-

574

sprächs zwischen den Kirchen sein – mit dem doppelten Ziel, Verständnis für die Zugänge der anderen Kirchen zu entwickeln und von ihnen zu lernen.

Die ACK hat mit dem vorliegenden Band nun in vorbildlicher Weise genau diese Überlegungen realisiert und mit ihrem Beitrag zum Reformationsjubiläum deutlich gemacht, wie der Bezug auf die Bibel die unterschiedlichen Konfessionen und Kirchen nicht trennt sondern verbindet. Neben den Beiträgen aus den unterschiedlichen Kirchen findet sich auch ein Aufsatz, der zeigt, dass Frauen in vielen Kirchen dieselben Fragen an die Bi-

bel stellen und gemeinsam nach Antworten suchen. Ergänzt wird die Broschüre mit Anregungen und Tipps für die ökumenische Praxis. Die Arbeit der Ökumenischen Arbeitsgemeinschaft für Bibellesen und ein Modell für einen ökumenischen Pilgerweg mit der Bibel sowie praktische Vorschläge für eine gemeinsame Lektüre der Heiligen Schrift und das Kennenlernen der unterschiedlichen Formen der Hinwendung zu ihr werden dabei vorgestellt.

Friedrich Weber

Prof. Dr. Martien E. Brinkman, Vrije Universiteit Amsterdam, Faculteit der Godgeleerdheid, De Boelelaan 1105, NL 1081 HV Amsterdam; Prof. Dr. Davor Džalto, Amerikanische Universität Rom, Via Pietro Roselli 4, 00153 Roma, Italien; Evelyn Finger, Redaktion DIE ZEIT, Buceriusstraße, Eingang Speersort 1; 20095 Hamburg; Prof. Dr. Martin Hailer, Pädagogische Hochschule Heidelberg, Institut für Philosophie und Theologie, Abt. Ev. Theologie, Keplerstraße 87, 69120 Heidelberg; Pfarrerin Anne Heitmann, Abt. Mission und Ökumene der Evangelischen Landeskirche in Baden, Blumenstr. 1–7, 76133 Karlsruhe; Prof. Dr. Hans-Joachim Höhn, Institut für Katholische Theologie, Lehrstuhl für Systematische Theologie und Religionsphilosophie, Albertus Magnus Platz, 50923 Köln; Dr. Karsten Kopjar, Wettergasse 42, 35037 Marburg; Bischof i. R. D. Rolf Koppe, Am Papenberg 5, 37075 Göttingen; Dr. Jutta Koslowski, Gnadenthal 7, 65597 Hünfelden; Prof. Dr. Karl-Wilhelm Niebuhr, Kregelstraße 10, 04416 Markkleeberg; Prof. Dr. Friederike Nüssel, Ökumenisches Institut der Universität Heidelberg, Plankengasse 1, 69117 Heidelberg; Johannes Röser, Christ in der Gegenwart, Hermann-Herder-Str. 4, 79104 Freiburg; Alexandra Ruppel-Herdt, Helmut-Schmidt-Universität/Universität der Bundeswehr Hamburg, Holstenhofweg 85, 22043 Hamburg; Prof. Dr. Dorothea Sattler, Ökumenisches Institut der Westfälischen Wilhelms-Universität Münster, Hüfferstraße 27, 48149 Münster; Landesbischof i. R. Prof. Dr. Friedrich Weber, Leysand 4, 26736 Greetsiel/Nordsee.

Titelbild: iStock Foto Nr. 13855318

Thema des nächsten Heftes 1/2015:

Ökumenischer Pilgerweg der Gerechtigkeit und des Friedens

mit Beiträgen von Fernando Enns, Christiane Karrer, Alix Lozano, Ioan Sauca, Olav Fykse Tveit

---

576 ÖKUMENISCHE RUNDSCHAU – Eine Vierteljahreszeitschrift

In Verbindung mit dem Deutschen Ökumenischen Studienausschuss (vertreten durch Uwe Swarat, Elstal) herausgegeben von Angela Berlis, Bern; Daniel Buda, Genf; Amelé Ekué, Genf/Bossey; Fernando Enns, Amsterdam und Hamburg (Redaktion); Dagmar Heller, Genf; Martin Illert, Hannover (Redaktion); Heinz-Gerhard Justenhoven, Hamburg; Ulrike Link-Wieczorek, Oldenburg/Mannheim (Redaktion); Viola Raheb, Wien; Johanna Rahner, Tübingen (Redaktion); Barbara Rudolph, Düsseldorf (Redaktion); Dorothea Sattler, Münster; Oliver Schuegraf, Hannover (Redaktion); Athanasios Vletsis, München; Friedrich Weber, Greetsiel; Rosemarie Wenner, Frankfurt am Main, Marc Witzenbacher, Frankfurt am Main (Redaktion).

ISSN 0029-8654   ISBN 978-3-374-03785-8
www.oekumenische-rundschau.de

Redaktion: Marc Witzenbacher, Frankfurt a. M. (presserechtlich verantwortlich)
Redaktionssekretärin: Gisela Sahm
Ludolfusstraße 2–4, 60487 Frankfurt am Main
Tel. (069) 247027-0 · Fax (069) 247027-30 · e-mail: info@ack-oec.de

Verlag: Evangelische Verlagsanstalt GmbH
Blumenstraße 76 · 04155 Leipzig · www.eva-leipzig.de
Geschäftsführung: Arnd Brummer, Sebastian Knöfel

Satz und Druck: Druckerei Böhlau · Ranftsche Gasse 14 · 04103 Leipzig

Abo-Service und Vertrieb: Christine Herrmann
Evangelisches Medienhaus GmbH · Blumenstraße 76 · 04155 Leipzig
Gläubiger-Identifikationsnummer: DE03EMH00000022516

Tel. (0341) 71141-22 · Fax (0341) 71141-50
E-Mail: herrmann@emh-leipzig.de

Anzeigen-Service: Rainer Ott · Media Buch + Werbe Service
Postfach 1224 · 76758 Rülzheim
www.ottmedia.com· ott@ottmedia.com

Bezugsbedingungen: Die Ökumenische Rundschau erscheint viermal jährlich, jeweils im ersten Monat des Quartals. Das Abonnement ist jeweils zum Ende des Kalenderjahres mit einer Frist von einem Monat beim Abo-Service kündbar.
Bitte Abo-Anschrift prüfen und jede Änderung dem Abo-Service mitteilen.
Die Post sendet Zeitschriften nicht nach.
Preise (Stand 1. Januar 2013, Preisänderungen vorbehalten):
Jahresabonnement (inkl. Versandkosten): Inland: € 42,00 (inkl. MWSt.),
Ausland: EU: € 48,00, Nicht-EU: € 52,00 (exkl. MWSt.)
Rabatt (gegen Nachweis): Studenten 35 %.
Einzelheft: € 12,00 (inkl. MWSt., zzgl. Versand)

Die nächste Ausgabe erscheint Januar 2015.